KB126018

슬픔은 발효 중

슬픔은 발효 중

초판 1쇄 | 2023년 12월 1일 펴냄

지은이 | 박경임

일러스트 | 강지민
북디자인 | 루디아153

펴낸 곳 | 도서출판 훈훈
주소 | 경기도 고양시 덕양구 소원로267
이메일 | toolor@hanmail.net
홈페이지 | blog.naver.com/toolor
인스타그램 | @hunhun_hunhun

엄마와 오빠를 자살로 상실한
자살유가족이 써 내려가고 있는
치유와 성장의 여정

슬픔은 발효 중

박경임

흔흔

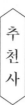

저자가 어머니를 자살로 잃은 것은 40년도 더 되었
다. 그동안 자살 유가족이라는 굴레로 살았던 삶에서 용기를
내어 자신의 이야기를 꺼내놓는다. 먼저 그 용기에 찬사를 보
낸다.

저자는 지난 시간 동안 자살 유가족이 겪어야 했던
모든 것을 다 거친 것 같다. 슬픔과 원망, 그리고 남은 자의 현
실적 고통, 마음에 남는 응어리까지. 그리고 무엇보다 오빠의
자살까지… 이 모든 고통을 풀어야 했는데 주변의 날 선 비난
에 움츠러만 들었다. 아마 그 시절 자살 유가족들이 살아남기
위해 할 수 있었던 유일한 방법이었을 것이다.

이제 과거를 돌이키며 저자는 가족들과 차례로 화해하고 자신과도 화해한다. 지나온 시간을 돌아보며 자신을 만나고, 주변을 만난다. 그리고 다른 유가족들에게 그가 걸어온 여정을 보여주려 한다.

대한민국에서 자살 유가족으로 산다는 것은 또 다른 죽음의 위험을 감수하는 것이다. 일반인에 비해 8배가 높다는 자살위험뿐만 아니라 현실적으로 넘어야 할 어려움이 너무 많다. 그 가운데서 가장 힘든 건 사람들이 만들어 놓은 선입견과 본인이 만들어 놓는 울타리이다. 평범했던 일상은 어느 날 갑자기 그 어느 것도 평범하지 않게 된다. 마치 벼랑 끝 산책을 하듯 불안과 위험을 오가게 된다. 유가족들이 이 벼랑 끝을 벗어나기까지는 너무나 많은 가시덤불을 거쳐야 한다. 저자는 이 길을 거쳐 오는 데 40년이 걸렸다.

이 책은 자살 유가족에게 교과서와 같다. 섬세한 표현으로 그동안 쌓아왔던 감정을 잘 표현해 주었고, 40년의 세월을 관통하여 한 권의 책으로 잘 엮어 내었다. 이 책을 읽고 다른 유가족들은 40년이 아니라 10년으로, 아니 1년으로 그 아픔의 시간을 단축해 갈 수 있기를 바란다. 그리고 자살을 생각하는 사람이라면, 남은 가족이 어떤 아픔을 겪는지를 헤아려보고 그 생각을 멈추어 주길 바란다. 그리고 무엇보다 이 책을 모든 사람이 읽고 유가족에 대한 편견을 걷어내고, "모두가 함께 살아내자"고 이야기할 수 있기를 바란다.

조 성 돈 *Life Hope* 기독교자살예방센터 대표
/ 실천신학대학원대학교 교수

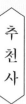

추천사

진료실에서 아무리 많은 고통들을 마주해도 여전히 나의 상상력이 닿지 못하는 슬픔들이 있다. 다섯 살 때 사랑하는 어머니를 여의고, 또 다시 사랑하는 오빠마저 떠나보낸 소녀가 견뎌야 했을 슬픔의 무게를 나는 감히 상상조차 하기 힘들다. 우리 사회의 자살에 대한 낙인은 상실의 개념조차 희미했을 다섯 살 소녀로부터 어머니를 기억할 수 있는 마지막 사진 한 장마저 빼앗아 가버렸다. 그 낙인은 수십 년간 슬픔을 안으로만 삭히고, 유족으로서 정당한 슬픔마저 자책감과 수치심으로 물들게 만들었다.

시간이 지나, 소녀는 본인의 슬픔을 억누른 사회에 보

★ 추천사

란듯이, 타인의 마음을 보듬어주는 중년의 치유자로 성장했다. "자살로 가족을 잃은 것은 수치가 아니라 함께 울어야 하는 아픔"이라며, 다른 자살 유가족들에게 희망을 주는 희망의 증인이 되었다. 어린 시절 엄마와 오빠라는 집을 잃은 후, 필리핀에서 오빠를 자살로 잃은 제디의 집이 되어준 박경임 작가의 아름다운 인생은 어머니의 아름다웠던 삶을 쏙 빼닮았을 것만 같다.

저자의 진심을 담은 이 책 또한, 그녀의 인생을 닮아 눈물겹도록 아름답다. 그녀의 진솔한 고백이, 오래전의 그녀처럼 아픔을 안으로만 삭히고 있는 수많은 자살 유가족들에게 희망을 주고, 또 그 아픔을 내보일 수 있는 희망의 열쇠가 되어줄 것이라 믿는다.

나 종 호 교수
예일대학교 정신의학과

추
천
사

2023년 추석, 온라인에서만 보던 그녀를 만나러 필리
핀을 방문했다. 이제껏 살아온 이야기를 듣고, 늘상 걸어다니는
길을 함께 걷고, 그녀가 사랑하는 사람들을 만났다. 마을의 아픈
사람, 마음이 힘든 사람을 찾아가 안아주고 기도하며 눈물을 흘
리는 그녀를 보았다. 그들과 함께 살면서 공동묘지 마을, 도박과
폭력이 일상이었던 마을 중간에 운동장을 만들고, 쓰레기통을
놓고, 가로등을 켜는 그녀를 보았다. 그곳에서 마을 사람들은 농
구로, 줌바댄스로 또 예배 가운데 자신들을 표현하며 살아나고
있었다.

'어떻게 이런 일들을 할 수 있었을까, 이렇게 타인의

슬픔과 함께 하는 능력은 과연 어디서 온 것일까'라는 나의 의문은 그리 어렵지 않게 풀렸다. 트라우마를 겪은 한 사람이 한 발자국씩 걷고 걸어 결국 그 경험을 통과해낼 때, 내면의 강함과 타인에 대한 연민이 서로 어우러져 진실하고 자유롭게 흘러나오는 것, 그 장면을 나는 눈앞에서 목격한 것이었다.

한국 사회, 더군다나 기독교계 안에서 자신이 자살 유가족임을 밝히는 글을 쓴다는 것은 너무나 큰 용기가 필요한 일이라 생각한다. 그 용기를 내어준 그녀에게 큰 응원을 보내며, 이 책이 가까운 사람의 죽음으로 슬픔과 죄책감 가운데 있는 사람들에게 가닿기를 진심으로 바란다.

정은진
진로와소명연구소 소장

나는 2021년 6월 28일, 사랑하는 엄마를 떠나보낸 자살 유가족이다. 부끄러운 고백이지만, 나는 엄마를 떠나보내기 전까진 '자살'이라는 거대한 사회적 이슈에 조금의 관심도 없었으며, '자살 유가족'은 그들의 부족한 삶에서 비롯된 '자연스러운 결과'라고 여겼다. 그러나, 그런 내가 바로 자살 유가족이 된 것이다.

자살 유가족이 되고 나니 내 삶에 핵폭탄이 떨어진 것만 같았고, 내 인생은 완전히 새로운 길로 접어든 것 같았다. 그 길은 낯설고 어색했으며 어떤 면에서는 끈적끈적한, 한 마디로 정의할 수 없는 복잡다단한 길이었다. 그럼에도 불구하고 나는, 나를 사랑해주는 지인들의 사랑과 관심에 힘입어 그래도 애도의 길에 올라탈 수 있었다. 때론 후퇴하기도 했지만, 애도의 길에 올라선 나는 서서히 앞으로 나아가고 있는 기분이다.

그래서 나는 <슬픔은 발효 중>을 읽으며 '빚진 마음'을 품을 수밖에 없었다. 40여년 전의 사회적 분위기가 어떠했을지, 여전히 '자살'에 무지한 대한민국 사회를 떠올렸을 때 그 당시의 차갑고 냉소적인 분위기가 가늠조차 되질 않았다. 그래서 나는, '빚진 마음'으로 <슬픔은 발효 중>을 천천히 꾹꾹 눌러가며 읽었다. 그리고, 그 거친 세월을 통과하여 이야기를 꺼내놓는 저자 박경임의 이야기를 향해 '존경과 감사의 마음'을 품을 수밖에 없었다. 자살 유가족에겐, 긴 세월을 통과한 또 다른 자살 유가족의 이야기가 절실했기 때문이다.

난 이 책을 자살 유가족뿐 아니라 자살 유가족이 아닌 분들도 읽었으면 한다. 왜냐하면, '자살 유가족의 삶'에는, 삶을 살아내는 모든 인생들에 담겨 있는 '끈적끈적한 희로애락'이 매우 선명하게 담겨 있기 때문이다. 그리하여 <슬픔은 발효 중>이 겉보기엔 화려한 대한민국 사회에 뚫려 있는 구멍들을 메우는 값진 역할을 감당하기를 기대한다.

소재웅 작가
(훈훈글방)

　　정신줄을 놓고 있었나 보다. 실타래처럼 얽힌 머릿속 때문인지 내려야 하는 장소를 지나쳐 버렸다. 허둥지둥 버스에서 내렸다. 지나쳐 온 길을 되돌아 천천히 걷기 시작했다. 사건사고가 많은 한적한 밤거리를 늦은 시간 혼자 걸으니 오싹한 기분이 들었다. 등에서 식은땀이 주르륵 흘러내렸다. 횡단보도 앞에 도착했을 때 신호등 불빛이 꺼져 있었다. 아무 생각 없이 횡단보도에 발을 내딛고 몇 발자국 걸었을 때 그곳이 사거리였다는 것을 알게 되었다.

　　사방에서 요란한 경적소리가 울려 퍼진다.

환한 불빛과 함께 "빵빵" 소리를 내며 눈앞으로 무섭게 트럭이 달려오고 있었다. '지금 죽을 수도 있겠구나'라는 생각에 눈을 질끈 감아버렸다. 너무 놀라서 몸이 움직여지지 않았다. 그 순간 오토바이 한 대가 눈앞에 멈춰 섰다. 오토바이에서 내린 아저씨가 수신호로 복잡하게 얽힌 교통을 정리해 주시고 횡단보도를 건널 수 있도록 도와주셨다. 감사하다는 말씀도 제대로 못 드리고 비틀거리며 돌아와 침대에 누워 머리끝까지 이불을 잡아당겼다. "하마터면 정말 죽을 뻔했네…" 깊은 숨을 내쉬며 '마지막 수업 장면'을 다시 떠올려 보았다.

40년 가까이 자살 유가족으로 살아오면서 유의미한 도움을 받아본 적 없는 '나 자신'을 돕고 싶어 심리 상담 공부를 계속해왔다. 박사과정 두 번째 학기가 시작된 지 일주일밖에 되지 않았을 때였다. 집단상담 주제 발표가 있었다. 자살 유가족 집단상담에 관한 내 발표가 끝나기 무섭게 교수님은 단칼에 안 된다고 하셨다. 자살 유가족은 모집부터 어려우니 주제를 다시 정해 오라는 것이었다. 알 수 없는 분노가 치밀었다.

"어려운 주제 말고 할 수 있는 주제로 다시 제출하

라"는 교수님 의도를 모르는 것도 아니었는데 알면서도 고집을 부리고 싶었다. 자살에 대해 침묵을 강요당했던 과거의 상처가 건드려진 것일까. "잘 준비해서 집단상담을 진행해보면 좋겠다"라는, 내가 기대하고 원하는 결과를 얻지 못하자 못생긴 자기 방어기제가 툭 튀어나왔다.

자기변명에 충실한 아이처럼 고집을 부렸다. 왜 이 주제를 선택했는지에 대한 이유를 장황하게 늘어놓기 시작했다. 자살 예방만 강조할 것이 아니라 남겨진 자살 유가족이 얼마나 도움이 필요한지, 자살 유가족이 자살할 확률이 얼마나 높은지, 같은 경험을 가진 사람들이 모여서 슬픔을 공유할 때 얻게 되는 유익은 무엇인지에 대해 말씀드렸다. 한 시간 반 넘게 팽팽하게 대립하며 토론을 이어갔다. 교실 공기는 점점 냉랭해졌다.

사실 "저는 엄마와 오빠를 자살로 잃은 자살 유가족이에요. 허락해 주신다면 자살 유가족 집단상담을 잘 준비해볼게요"라고 말할 용기를 내지 못했다. 어머니가 어떻게 돌아가셨는지, 오빠가 어떻게 생을 마감했는지를 아는 사람들이 나에게 던졌던 폭력적인 말들 때문이었을까? 그런 수치를 또 다시 경험하고 싶지 않은 두려움 때문이었을까? 결국 나를 드러내지 못하고 장시간 소모전을 하고 말았다.

만약 "저는 자살 유가족입니다"라는 말을 시작으로 내 마음을 전달할 수 있는 용기가 있었다면, 상황은 어떻게 흘러갔을까? 만약 그랬다면 어떤 마음으로 그 주제를 선택했는지 교수님과 친구들에게 진솔하게 말할 수 있지 않았을까? 그랬다면 나의 아픔에 대해 이해받고 공감받을 수 있지 않았을까? 물론, 모를 일이다. 나는 그저 수업 분위기를 망쳐버린 고집세고 오만한 학생이 되어 버렸으니까.

그 순간 같은 수업을 듣고 있는 한 친구가 다가왔다.

"너는 왜 그렇게 무례하니? 네가 교수님보다 더 많이 안다고 생각해서 주장을 굽히지 않은 거니? 그냥 교수님 피드백만 들으면 되는데 굳이 그렇게 긴 시간 동안 날 선 토론을 해야 했니? 너 때문에 수업 분위기가 이게 뭐니?" 친구는 교실 문을 쾅 닫고 먼저 나가 버렸다. 위로가 절실한 순간, 나의 연약함을 꺼내 놓지 못했다. 참았던 눈물이 쏟아져 내렸다. 모두가 떠난 후에도 교실에 혼자 남아 오래도록 앉아 있었다.

우리나라에는 약 200만 명에 가까운 자살 유가족이 있다. 그중 한 사람이 '나'다. 나의 정체성을 자살 유가족이라고 말할 용기가 나지 않았다. 살아오면서 경험한 사람들의 차가운 시선을 다시 경험하고 싶지 않았기 때문이다. 지금까지 아프게 살아온 삶으로 충분했다. 굳이 긁어 부스럼 만들고 싶지 않아 가족의 죽음에 대해서는 침묵하고 살아왔다. 그게 나를 보호하는 길이라 생각했다. 자살 유가족은 모집부터 어렵다는 교수님의 말씀이 옳다. 나조차도 내가 자살 유가족이라고 말하지 못하고 있지 아니한가. 수치에 내몰려 숨어 살아갈 수밖에 없는 자살 유가족들을 생각하니 분통이 터졌다.

자살로 생을 마감하는 사람들이 1년에만 1만5000천 명 가까이 발생하는 대한민국. 자살 유가족들 중 소수의 사람들만 자살로 가족을 잃은 것을 세상에 드러낼 뿐이지 대부분의 사람들은 나처럼 침묵하며 살아간다. 비극적인 죽음으로 가족을 잃은 사람들, 마음껏 울 수도 없고 위로받을 수도 없는 사람들이 숨어서 흘리는 뜨거운 눈물은 내 심장을 적시는 듯하다. 세상의 정죄에 내몰리고 아픔에 내몰린 사람들이 자신을 드러내고 도움을 받을 수 있는 방법은 무엇일까? 어떻게 하면 혼자 울고 있는 사람들이 함께 울며 위로받을 수 있을까?

누더기가 된 마음으로 강의실에서 나와도 꼬리에 꼬리를 무는 생각은 멈추지 않았다. 내릴 곳을 이미 지나쳐버려 다시 되돌아가고 있는 상황에도 생각 속에 깊이 빠져 헤어 나오질 못했다. 그러다가 나를 향해 무섭게 달려오던 트럭에 치여 죽을지도 모르는 순간을 마주한 것이다.

'자살 유가족인 것을 말하고 싶지 않았던 나의 두려움이 나를 죽음으로 몰고 가고 있었구나' 싶은 생각에 정신이 번쩍 났다. 집에 돌아와 이불 속에 누워있다 몸을 일으켰다. 똑바로 앉아 벽을 뚫어져라 쳐다보았다. 언제까지 두려움에 싸여 말하지 않고 숨기며 살아갈 것인가. 언제까지 나를 옭아매고 있는 수치의 옷을 입고 침묵하며 살아갈 것인가. 허공을 향해 혼자 중얼거렸다.

누군가는, 자살유가족으로 살아온 삶에 대해 '세상이 들을 수 있는 목소리'로 세상을 향해 말하기 시작해야 한다고 생각했다. 이렇게, 40년 가까이 자살 유가족으로 살아온 나의 이야기를 진솔한 목소리로 세상에 들려주고 싶은 마음이 조심스럽게 일어났다. 그날 밤부터인지도 모른다. 자살 유가족이라고 말할 수 있는 용기를 끌어모으기 시작한 것이. 자살 유가족 당자사의 이야기가 세상에 나오기 시작한다면 자살 유가족을 향한 사회적, 종교적 시선이 조금씩 바뀌어질지도 모르니까. 아픔에 내몰린 사람들이 꼭꼭 숨어 살아가는 것이 아니라 도움이 필요하다고 손 내밀기 시작할지도 모르니까.

그날 이후, 나의 정체성을 말할 때 "나는 자살 유가족"이라고 말하기 시작했다. 드러내 놓고 말하기 시작하면서 함께 울어주는 사람들의 온기를 경험할 수 있었다. 뜻밖의 위로였다. 다른 자살 유가족들이 "나도 그러하다"며 다가오기 시작했다. 홀로 걸어가는 외로운 인생이라 생각했는데 혼자가 아니었다. SNS에 올린 글을 읽고 메시지를 보내주는 분도 있었다.

"몸이 많이 아플 때마다 죽음의 유혹을 참 많이 받았는데 글을 읽다가 멈칫했어요. 제가 떠나고 난 뒤 남겨진 가족의 고통은 생각하지 못하고 있었어요. 가족을 위해서라도 끝까지 살아내자 생각했어요. 올려 주신 글을 읽고 제 마음을 바꾸기로 마음을 굳혔어요." 더 이상 회피하지 않고 자살 유가족이라고 말하기 시작하길 잘했구나 싶은 순간이었다.

이 책을 쓰는 과정은 고통스러웠지만, 한편 행복하기도 했다. 엄마와 오빠를 잃었던 순간의 강렬한 감정이 올라와서 주체할 수 없는 눈물이 올라올 때도 많았지만 과거의 시간들로 다시 돌아가서 나의 슬픔을 충분히 흘려보낼 수 있는 시간이었기 때문이다. 자살로 생(生)을 마감한 엄마와 오빠를 향한 사회의 편견으로 그동안 말하지 못하고 살아온 슬픔을 이야기할 수 있는 것만으로도 위로받을 수 있었다. 앞으로 더 많은 사람들이 자살로 사랑하는 사람을 잃은 슬픔에 대해 자유롭게 말하고, 충분히 슬퍼하고 위로를 경험하며 살아갈 수 있으면 좋겠다.

이 책은 자살 유가족 뿐 아니라, 유가족을 돕고 싶지

만 어떻게 해야 할지 모르는 독자들에게 위로의 길을 제공할 수 있을 것이다. 사랑하는 사람을 지켜내지 못했다는 비통함으로 죄책감과 자기 비난에 사로잡혀 살아온 유가족의 마음을 이해하는 데 도움이 되는 글이길 바란다.

자살 유가족의 일상과 회복, 그리고 성장에 대한 이야기를 담은 이 책을 읽는 모든 독자들이 나의 손을 잡고 끝까지 읽어 주셨으면 좋겠다. 자살이라는 쓰나미 같은 슬픔 뒤에 남겨진 유족의 삶을 이해하는 데 미력하나마 도움이 되는 책이 되리라 믿기 때문이다.

또한 상실의 아픔을 겪었지만 사회적으로, 종교적으로 위로의 사각지대에서 살아온 사람들을 더 깊은 고통 가운데 살아가게 한 우리사회의 모습이 조명될 수 있으면 좋겠다. 자살에 대한 종교적인 관점으로 인해 교회 안에 있는 자살 유가족들은 침묵할 수밖에 없었고 위로와 돌봄을 받을 수 없는 환경 속에서 살아왔다. 이 책이 자살 유가족에 대한 사회적인 인식 변화에 도움을 주고, 슬퍼할 권리마저 박탈당하고 살아온 사람들이 애도할 수 있도록 안내하는 작은 디딤돌이 될 수 있다면 좋겠다.

　　슬퍼하는 자가 복 있는 이유는 슬퍼하기 시작할 때
고여 있던 슬픔이 흘러가기 때문이다. 자살 유가족들에게, 슬
픔의 방에 갇혀 살아가지 않고 애도의 과정을 통해 과거의
'나'가 아니라 오늘의 '나'로 살아갈 수 있도록 마음껏 슬퍼해
도 된다고 말해주고 싶다. 사랑하는 사람을 잃은 후 아픔 속에
살아온 당신에게 작은 위로를 전하고 싶어 나의 아픔을 꺼내
어 놓는다.

　　<슬픔은 발효 중>이, 이 책을 필요로 하는 사람들에
게 가닿기를 간절히 바란다.

2023년 12월

박경임

목차

슬픔에도 저마다
다른 표정이 있다

내게 남은 그리움

빛 바랜 흰옷을 입은 엄마의 팔 한쪽이
리어카 밖으로 축 늘어진 채 흔들거렸다.
시야에서 멀어져 가는 엄마 뒷모습을 바라보는 동안
슬픔이 나를 자욱하게 감싸 안았다.

"엄마! 배고파"

다섯 살이었던 나는 막내 특유의 어리광 가득한 목소리로 엄마를 불렀다. 늘어지게 기지개를 켜고 눈곱도 떼지 않은 채 방문을 열어젖혔다. 언니 오빠는 이미 학교를 간 후였고 아빠는 밭일을 가셨는지 보이지 않았다. 집안은 조용한 공기가 감싸고 있었다.

신발을 거꾸로 신은 줄도 모르고 눈을 비비며 부엌으로 갔다. 엄마는 아침 밥상을 준비하고 있었다. 그날 엄마의 뒷모습은 유난히 쓸쓸해 보였다. 엄마와 마주한 밥상 위에는 텃밭에서 막 뜯어 온 여린 상추 잎이 접시 위에 가지런히 놓여 있었다. 봄 햇살이 부엌 창으로 들어와 그늘진 엄마 얼굴에 살포시 내려 앉았다. 밥을 몇 숟가락 뜨기 시작했을 때 엄마는 상추에 뭔가를 싸서 입 속으로 밀어 넣었다. 그게 무엇인지 몰랐던 나는 철없이 칭얼댔다.

"엄마! 왜 혼자 먹어?"

그때 엄마가 힘없이 픽 쓰러지셨다. 놀라고 당황한 나머지 쓰러진 엄마의 가냘픈 어깨를 잡고 흔들어댔다. 엄마 입에서 하얀 거품이 쏟아져 나올 뿐 아무 말이 없었다. 너무 놀라서 맨발로 뛰쳐나가 이리 뛰고 저리 뛰며 아빠를 찾아다녔다. 미친듯이 아빠를 불러댔다. 허둥지둥 뛰어가다 발을 헛디뎌 벌러덩 나자빠졌다. 흙먼지를 뒤집어쓰고 두려움과 서러움에 북받쳐 큰 소리로 울부짖었다. 눈물을 훔치려고 소매 깃을 매만질 때 아빠가 내게 다가오셨다.

"아침부터 왜 울고 있어?"
"아빠, 아빠! 엄마가 아파."

아빠는 빠른 걸음으로 집으로 향했다. 나보다 먼저 집에 도착한 아빠는 리어카에 엄마를 싣고 신작로를 따라 급하게 내려가셨다. 빛 바랜 흰옷을 입은 엄마의 팔 한쪽이 리어카 밖으로 축 늘어진 채 흔들거렸다. 시야에서 멀어져 가는 엄마 뒷모습을 바라보는 동안 슬픔이 나를 자욱하게 감싸 안았다. 시간이 얼마나 지났을까? 혼자 집에 남아 우두커니 앉아 있을 때 동네 어른들이 웅성거리며 집으로 모여들었다. 곧이어 경찰 제복을 입은 아저씨들도 도착했다.

"엄마가 돌아가실 때 네가 옆에 있었니?"

그들은 그 말을 시작으로 그날 아침에 있었던 일들에 대해 끝도 없는 질문들을 내게 퍼부었다. 경찰이 돌아간 후에 학교 수업을 마친 언니, 오빠는 오후 늦게 집으로 돌아왔다. 저녁 해가 어스름해질 무렵 할머니, 할아버지도 집에 오셨다. 며칠 후, 아빠는 텅 빈 리어카를 끌고 집으로 돌아오셨다. 공허한 눈빛으로 멍하니 서 있는 아빠에게 다그치듯 물었다.

"엄마는? 엄마는 왜 안 와?"

아빠는 차마 입을 떼지 못 하셨다. 할머니가 대신 대답해 주셨다. "니 엄마 인좌 없다. 다시는 집에 안 온다." 엄마가 다시는 집에 안 온다는 말이 무슨 뜻인지 이해할 수 없었다. "집에 안 온다고? 그럼 엄마는 어디 간 건데…" "니 엄마 죽었다." 할

★ 첫 번째 이야기, 슬픔에도 저마다 다른 표정이 있다

머니는 계속해서 엄마가 죽었다고 했고 죽음이 무엇인지 몰랐던 어린 나는 다시 물었다.

"죽으면 어디로 가는 건데…?"

그 후로 며칠이 흐른 어느 날 아침, 눈을 떴는데 연기 냄새가 자욱해서 밖으로 뛰쳐나가 보았다. 할머니가 엄마 옷가지들을 불에 태우고 있었다. 할머니 손을 잡아당기며 태우지 말라고 애원했다. 할머니는 들은 척도 하지 않고 말씀하셨다. "방에 가서 엄마 사진 다 가지고 와라. 죽은 사람 물건은 집에 두는 거 아니다." 나도 못 들은 척했다. 내가 들려도 안 들은 척하자 옷을 태우다 말고 할머니가 직접 방으로 들어가셨다. 액자에 걸려 있던 엄마 사진들을 보이는 대로 다 떼어내 내 눈앞에서 찢어버리셨다. 그리고는 훨훨 타오르는 불구덩이 속으로 집어던졌다. 세상에서 가장 사랑했던 엄마 얼굴이 불속에서 타닥타닥 타오르다 희미하게 사라져갔다. 불꽃이 삼켜버린 엄마 사진은 한 줌 재가 되어 바람에 날려 여기저기 나뒹굴었다.

엄마는 그렇게, 하루아침에 흔적 없이 사라졌다.

난, 그럼에도 불구하고 엄마를 기다리면 엄마가 돌아올 줄 알았다. 아침이 되면 늦잠 자는 나를 흔들어 깨우는 엄마 목소리를 다시 듣게 될 거라 생각했다. 그러나 엄마는 다시는, 다시는 돌아오지 않았다. 엄마의 부재를 받아들이는 일은 온 세상을 잃는 것 같았다. 엄마가 나를 홀로 남겨둔 채 사라져 버린 것이 참을 수 없이 화가 났다. 내 사랑을 배신하고 떠난 엄마가 미웠다. 도대체 왜 나를 버리고 떠났는지 이해할 수 없었다. 나를 지탱해주던 삶의 뿌리가 통째로 뽑혀버린 느낌이었다. 엄마 없이는 아무것도 할 수 없을 것만 같은 불안이 눈덩이처럼 커지는 날엔 바지에 소변을 지렸다. 울음을 터트려도 내 어리광을 받아줄 사람이 더이상 존재하지 않았다. 엄마가 없는 일상을 살아내면서 엄마의 얼굴이 어떤 날은 더 또렷하게, 어떤 날은 점점 희미해져 갔다.

지금은 엄마의 얼굴도, 목소리도, 냄새도 아무것도 기억나지 않는다. 엄마를 기억할 수 있는 흔적이나 유품은 그 무엇도

★ 첫 번째 이야기, 슬픔에도 저마다 다른 표정이 있다

남지 않았다. 내게 남은 건 '그리움,' 오직 그리움뿐이다. 그때 엄마 사진 한 장이라도 남겨두었다면 그리움으로 사무치는 날이 조금은 적었을까?

엄마의 죽음은, 내 인생의 항로를 거친 바다로 바꿔 놓았다.

비밀 친구

세상은 내게 엄마에 대해
말하지도 말고, 쓰지도 말고,
슬픔을 내색하지도 말라고 강요했다.
슬픔을 토해낼 곳은 세상 어디에도 없었다.
일렁이는 슬픔을 숨김없이 표현할 수 있는 곳은
하얀 여백뿐이었다.

"집에 불 나면 뭐부터 챙길 거니?"

"음, 나는 일기장."

농담처럼 물어보는 친구들의 질문에 주저함 없이 대답하곤 했다. 아마 서른 즈음까지 그랬던 것 같다. 모든 것이 불살라 없어질지라도 일기장만큼은 꼭 가지고 나오고 싶었다. 일기장은 그만큼 소중했다.

엄마가 돌아가신 이후에 고인에 대해 말하는 것은 금기시되었다. 사람들은 마치 엄마가 이 세상에 존재하지 않았던 사람처럼 엄마에 대한 모든 흔적을 지워버리고 싶어 했다. "엄마가 보고 싶다"고 말하는 순간 모든 것이 얼음장처럼 차갑게 굳어버렸다. 사회가 용납하지 않는 엄마의 죽음에 대해 말하지 말라는 무언의 강요였다. 엄마가 떠나신 후에 나는 자주 할머니께 여쭈었다. "할머니! 엄마는 언제 집에 돌아오는 거예요? 엄마는 왜 안 와요?" 나의 집요한 질문에 할머니는 매정하게 대답하셨다.

"니 엄마 바다 속에 풍덩 빠뜨렸다. 다시는 돌아오지 않는다."

어린 나는 할머니 말을 곧이곧대로 믿고 차가운 바닷속으로 가라앉는 엄마를 수없이 생각했다. 국민학교 2학년 때 담임 선생님이 "동시 대회가 있으니 참여해보라"고 하셨다. 태어나서 처음 써보는 동시에 엄마를 향한 애달픈 마음을 조심스럽게 담아 보았다.

엄마가 바닷속에 **빠졌다.**
높은 절벽에서 바닷속으로 엄마를 풍덩 **빠뜨렸다.**

차가운 바닷속에서 엄마는 얼마나 추웠을까.

동시를 읽던 선생님은 눈살을 찌푸리셨다. "다시는 엄마에 대한 글은 쓰지 말아라." 그리고는 아홉 살 아이가 쓴 동시를 내 눈앞에서 찢어버리셨다. 동심이 와장창, 깨어지는 순간이었다. 엄마에 대해 말할 순 없을지라도 쓰는 것조차 용납되지 않을 줄은 미처 몰랐다. 세상은 내게 엄마에 대해 말하지도 말고, 쓰지도 말고, 슬픔을 내색하지도 말라고 강요했다. 슬픔을 토해 낼 곳은 세상 어디에도 없었다. 일렁이는 슬픔을 숨김없이 표현할 수 있는 곳은 하얀 여백뿐이었다. 내게는 학교에서 배운 가르침 중에 가장 유용한 것이 일기 쓰는 법을 배운 것이었다.

사람들 앞에 말할 수 없는 슬픔을 마음껏 표현할 수 있는 하얀 여백은 내게 비밀 친구가 되어주었다. 나의 독백을 말없이 들어주는 하얀 여백의 침묵이 좋았다. 엄마가 많이 보고 싶은 날은 감정이 북받쳐 펑펑 우느라 글을 더이상 쓰지 못할 때도 있었다. 그럴지라도 하얀 여백은 잠잠히 나를 기다려 주는 것 같았다. 못생긴 감정과 슬픔을 토해낼 수 있고, 마음껏 쓰고 깨끗하게 지워버릴 수 있으니 이보다 더 좋은 친구는 없었다. 어쩌면 일기장에 감정을 배출해 온 시간들이 나를 완전히 무너지진 않도록 지탱해 주었는지도 모르겠다.

글을 쓰는 시간은 표현해내지 못한 슬픔을 꺼내어 놓고 마음껏 울 수 있는 시간, 진짜 내 마음을 표현할 수 있는 시간, 외로움에 찌든 나를 안아 주는 시간이었다. 슬픔의 파도가 소용돌이칠 때마다 글로 마음을 표현하며, 마음을 정리하고, 나를 다독여 주었다. 사십 년 가까이 일기를 써 오는 동안 나의 글은 기도가 되는 순간이 더 많았다. 하나님 앞에 엎드려 내 심령에 깊이 박힌 고통을 토해내는 날은 눈물이 강을 이루곤 했다.

"주는 나의 슬픔을 아십니다. 나의 눈물을 주의 병에 담으소서"

(시편 56:8)

오랜 세월 동안 일기장 속에 가두어 둔 나의 슬픔은, 아직도 미결 상태처럼 느껴질 때가 있다. 나 혼자 감당하기에는 슬픔의 무게가 너무 무겁고 거대했기 때문이리라… 슬픔의 수용소에서 혼자 울음을 삼키고 살아온 세월을 위로받을 수 없을지라도 앞으로는 누군가와 함께 울 수 있으면 좋겠다. 자살을 '집안 체면 깎아내리는 부끄러운 일'로, 종교적으로는 '생명을 버리는 일'로 여기는 한국 문화와 억압된 사회적 분위기 속에서 충분히 외롭게 살아온 자살 유가족들이, 슬픔을 표현하고 마음껏 울 수 있는 세상을 꿈꾼다.

자신만의 은신처에서 고립된 삶을 살아가고 있는 자살 유가족들이 함께 울 수 있도록 따뜻한 온기를 전해주는 사람들이 더 많아지면 좋겠다. 세상으로부터 이해받지 못한 상실의 무게를 견디며 어딘가에서 홀로 울고 있을 자살 유가족들에게 작은 위로를 전하고 싶어 일기장 속에 봉인된 슬픔을 해제하고 세상을 향해 수줍은 날갯짓으로 글을 쓰고 있다.

"자살 유가족 여러분, 당신은 혼자가 아닙니다."

나를 무너뜨리는 말.말.말

생명 존중시민회의에서 발표한
<자살 유가족 권리장전>에 보면
"나는 내 독자적인 인격을 유지하고
자살로 인한 죽음에 의해 판단 받지 않을
권리가 있다"라고 기록되어 있다.

'판단 받지 않을 권리'는
'판단하지 않을 의무'를 포함하고 있는 것은 아닐까?

"자살한 사람은 지옥 간다."

자살로 사랑하는 사람을 잃은 유족들에게 가장 쓰린 고통을 주는 말들 중 하나다. 특별히 고인이 신실한 기독교인이었을 경우 남겨진 가족에게는 더 큰 상처가 된다. 내가 아는 엄마는 하나님을 사랑하는 분이었다. 엄마와 내게 추억이 가장 많은 장소도 교회였다.

엄마의 땀내 나는 등 뒤에 업혀 눈물로 하나님께 기도하는 소리에 잠드는 날이 많았고, 품에 안겨 있을 때는 뜨거운 눈물이 내 볼을 적실만큼 엄마는 기도하는 사람이었다. 그런 엄마가 "지옥 갔다"는 말은 내 영혼을 뒤흔드는 말이었다. 일반적으로 종교는 상실을 경험하는 사람에게 위로를 제공하는데 자살 유가족들은 그 위로마저 닿기가 녹록지 않다. 참으로 슬프게도, 모태신앙으로 태어나서 어릴 때부터 지금까지 교회에서 자라온 내게 가장 안전하지 않은 장소가 교회였다. 위로와 공감보다 판단이 앞서고 이해와 사랑보다 비난이 앞선 사람들 속에서 최대한 몸을 웅크리고 살아오는 동안, 외로웠다.

엄마가 떠난 뒤, 세상은 내게 친절하지 않았다.

사람들은 스스로 목숨을 끊은 엄마가 세상에서 가장 몹쓸 짓을 했다며 고인을 비난했다. 엄마가 살아온 모든 날들은 엄마의 마지막으로 인해 평가절하 되었다. 남겨진 가족들도 벗겨진 채 상처에 노출되었다. 엄마가 세상을 떠난 뒤 가슴에 맺힌 말 중에 하나는 "너는 저주받은 집 딸이다"였다. 송곳이 내 영혼을 파고드는 것처럼 아팠다. 사람들이 나를 피고석에 앉혀 놓고 경멸하듯 바라보는 것 같았다. 의기양양하게 검사석에 앉아 나를 죄인 취급하는 사람들에게 묻고 싶었다.

"저는 무슨 죄를 지었나요?
자살로 세상을 떠난 사람을 가족으로 둔 것이
저의 죄명인가요?"

엄마를 잃은 아이에게 따뜻한 위로의 말보다 죽음에 대한 날카로운 정죄로 비수를 꽂는 세상이 얄궂기만 했다. 남겨진 자가 감당해야 하는 슬픔의 무게를 헤아렸다면 그렇게 말할 수 있었을까? 엄마 없이 하루를 살아내는 것도 버거운 내게 사람들은 그들의 언어로 내 가슴에 주홍글씨를 새겨 넣었다. 수치를 가리기 위해서라도, 엄마가 자살했다는 사실을 아무에게도 말하고 싶지 않았다. 자살 유가족에 대한 사람들의 편견과 비난이 두려웠기 때문이다. 수치스러움이 내 세포와 혈관을 타고 내 몸의 일부처럼 흐르는 것 같았다.

자살 유가족이라는 이유만으로 인격을 침해당하는 언어 폭력에 노출되고, 비난과 낙인으로 씌워진 삶을 살아온 사람들이 어찌 '나' 혼자뿐이겠는가? 넓게 보아 우리나라 인구의 10%를 자살 유가족이라고 추정하기도 한다. 생명 존중시민회의에서 발표한 <자살 유가족 권리장전>에 보면 "나는 내 독자적인 인격을 유지하고 자살로 인한 죽음에 의해 판단받지 않을 권리가 있다"라고 기록되어 있다. 상실의 아픔을 지나오는 사람들을 더 깊은 수렁으로 빠뜨리는 '말, 말, 말' 말들…. 가족을 자살로 잃은 사람들에게 "고인이 지옥 갔다"며 고통을 가중시키는 말보다 따뜻한 공감과 위로의 말을 건네주는 사람들이 더 많아졌으면 좋겠다.

'판단 받지 않을 권리'는,

'판단하지 않을 의무'를 포함하고 있는 것 아닐까?

★ 첫 번째 이야기, 슬픔에도 저마다 다른 표정이 있다

도깨비 할아버지

봄이 침묵하던 그 시절,
도깨비 할아버지의 "껄껄껄" 웃음소리.
어쩌면 그 날 웃음소리는
어린 내게 다시 살아갈 힘을 준
웃음소리였는지도 모르겠다.

도깨비 할아버지.

우리 할아버지 별명이다. 도깨비처럼 휘날리는 눈썹을 가지고 계셨던 할아버지 눈썹은 단정치 못하고 늘 헝클어져 있었다. 할아버지는, 어머니가 돌아가시고 아빠가 타지방으로 일하러 가셨을 때 우리집 가장 역할을 잠시 동안 해 주신 적이 있다.

할아버지는 화난 사람처럼 늘 소리를 지르며 말씀하시곤 했다. 동네 사람들은 그런 할아버지를 무서워했다. 아이들은 할아버지가 나타나면 "도깨비다, 도깨비야!" 하며 순식간에 사라져버렸다. 어린 나는 할아버지 숨소리만 들어도 숨을 꼴딱 삼키며 안절부절못했다.

어느 여름 오후, 다른 가족들은 모두 어디로 갔는지 할아버지와 나만 덩그러니 집에 있는 날이 있었다. 할아버지는 돈을 주시면서 담배 심부름을 시켰다. 학교 근처에 있는 가게까지 가려면 한참을 걸어가야 하는데 할아버지와 단둘이 있는 것보다는 심부름을 가는 것이 차라리 나을 것 같아 돈을 받자마자 냅다 달리기 시작했다.

　가게에 도착하니 유리 상자에 담겨 있는 '눈깔사탕, 센베이' 과자가 눈에 들어왔다. 심장이 쿵쾅거렸다. 내 심장소리를 주인 아저씨가 들으실까봐 겁났다. 가까스로 정신을 차린 뒤 담배를 사고 돈을 냈지만 아쉬운 마음에 발길이 쉽게 떨어지지 않았다. 가게에 남아 물건을 찬찬히 들여다보다가 도루코 칼이 보였다. 수업시간에 연필심이 부러져도 칼이 없으니 연필을 더이상 쓸 수 없었던 게 생각났다. 도루코 칼을 한참 노려보다가 "이거 얼마예요?"라고 물었다. 주인아저씨가 "오십 원이야, 돈은 있니?" 라고 물으셨다. 한참을 망설이다 어디서 생긴 용기인지 무턱대고 말해버렸다.

　"저희 할아버지 성함은 '박자, 창자, 환자'를 쓰시고 저는 그분의 손녀딸이에요. 할아버지께서 나중에 돈 내실 거예요."

　주인아저씨는 아무 말 없이 도루코 칼을 냉큼 내어 주셨다. 도루코 칼을 갖고 집으로 돌아가는 길은, 멀게만 느껴졌다. 할

아버지가 얼마나 무섭게 소리를 치실지 생각만 해도 두려움에 질식할 것 같았다. 최대한 발걸음을 더디게 느릿느릿 왔지만 결국은 집에 도착해버렸다. 콩닥콩닥 뛰는 새가슴을 겨우 진정시키고 할아버지께 담배를 내어드리고 도루코 칼도 보여드렸다. 할아버지가 무섭게 다그치셨다.

"칼을 살 돈은 어디서 났어?"

"제가 할아버지 존함을 대고 할아버지가 나중에 주실 거라고 했더니 주인아저씨가 주셨어요."

벼락같은 호통이 떨어질 것 같아 눈을 질끈 감아버렸다. 뜻밖에도 "껄껄껄" 웃으시는 웃음소리가 들렸다. "그러니까 내 이름을 대고 이 칼을 외상으로 사왔다고? 이제 겨우 아홉 살밖에 안 된 것이." 할아버지는 껄껄 웃으시며 자리를 뜨셨다. 불안으로 온몸을 떨던 나는 할아버지가 보인 의외의 반응에 놀랐다. 어머니가 떠난 뒤로 집안 분위기는 얼음장처럼 차가웠고 웃을 일도 없었는데 그날 할아버지의 웃음소리는 꽁꽁 얼어 있던 어린 내 마음을 녹여주었다.

　　　　★ 첫 번째 이야기, 슬픔에도 저마다 다른 표정이 있다

훗날, 할아버지의 장례식에 참석했을 때 할아버지와 있었던 추억이 떠올랐다. 장례식장에서 언니와 옛날이야기를 하다 할아버지와 있었던 일을 나누기 시작했다. 내 이야기를 듣던 언니는 "나에게도 그런 적이 있으셨어. 넌 뭘 해도 잘 해낼 거라고."

아, 언니에게도…

그런 줄도 모르고 나만 할아버지에게 특별한 대우를 받았다고 착각하며 살아왔지만 그것도 그리 나쁘지만은 않았다.

봄이 침묵하던 그 시절,
도깨비 할아버지의 "껄껄껄" 웃음소리.
어쩌면 그날 웃음소리는
어린 내게 다시 살아갈 힘을 준 웃음소리였는지도 모르겠다.

슬픔은 발효 중

시간이 지나면 더욱 깊은 맛을 내는
김치나 된장처럼,
내 슬픔이 깊이 숙성되어
위로가 필요한 사람에게 닿을 수 있다면,
그것으로 충분히 감사하다.

나는 가족 중에 누군가가 엄마처럼 죽게 될까봐 '늘', 두려웠다.

가족을 자살로 또 다시 잃게 될까 봐 불안해하는 마음이 자살 유가족에게는 있다. 엄마가 떠난 후에 가장 듣기 싫은 말은 "막내가 엄마 닮았네"라는 동네 사람들의 말이었다. 사남매 중에 엄마 닮은 사람은 나밖에 없다고들 했다.

"얘가 죽은 지 에미 꼭 닮았네."

이런 말을 들으면 들을수록 "너의 죽음이 꼭 네 에미 같을 거야"라는 말로 들려 울음을 터트리는 날도 있었다. 가족을 다시 잃고 싶지 않았는데 누가 죽는다면 그게 나일 것만 같았다. 언니, 오빠는 죽음과는 어울리지 않아 보였기 때문이다.

오빠는 내가 고등학교를 졸업할 즈음에 횟집을 개업했다. 가게 오픈 하던 날 그의 얼굴엔 감출 수 없는 행복이 묻어났다. 늘 우수에 차 있던 그의 눈엔 내가 처음 마주하는 기쁨과 설렘이 담겨 있었다. 그런 오빠를 바라보는 내 마음도 덩달아 기뻤다. 그러나 행복은 오래가지 못했다. 수산물 시장에 다녀오던 그에게 자동차 접촉 사고가 났다. 결혼을 전제로 함께 살고 있던 오빠 여자친구는 합의를 위해 경찰서로 달려갔다. 그녀는 합의 중에 오빠의 주민등록증을 보게 되었다. 그가 자신보다 한참 어린 남자라는 사실을 처음 알고는 심한 배신감을 느꼈다. 아이를 가질 수 없었던 그녀로 인해 두 사람은 자녀 없이 살기로 했었다. 오빠가 아이를 원하는 순간 언제든 자신을 떠날 거라 생각한 그녀는 그날 이후 종적을 감춰 버렸다.

오빠는 그때부터 방 안에 틀어박혀 세상 밖으로 나오지 않았다. 그는 살 소망을 잃어버린 것 같았다. 외부와 연락을 끊고 산 지 일 년 가까이 되었을 때 언니는 오빠를 고향집에 데려다 주었다. 그 해 추석엔 언니는 집에 가지 못했고 나만 혼자 고향에 내려갔다. 시골집에서 아버지 일을 돕고 있는 오빠 얼굴은 서울에 있을 때보다 좋아 보였다. 웃음기 없던 오빠는 나를 보자 희미한 미소를 지어 보였다. 아버지를 위해 꽤 근사한 닭장을 만들어 놓은 것을 보고는 오빠가 조금씩 회복되고 있다고 생각했다.

그날 저녁 오빠와 둘이 앉아 아궁이에 불을 지피며 이야기를 나누었다. 그에게 다시 살 소망이 일어나길 간절히 바랐다. 무슨 말로 시작해야 할지 몰라 한참을 망설이다 말문을 열었다. "어릴 때 오빠 잘못을 새엄마에게 일러바친 것 미안해. 그때 오빠에게 얼마나 미안했는지 몰라. 난 늘 오빠 편이었는데…." 내 마음 한편에는 오빠에 대한 미안함이 있었다. 새엄마에게 오빠의 잘못을 철없이 말했던 일에 대해 용서를 구했다. 오빠는 따뜻한 눈으로 나를 바라보며 말했다. "경임아! 난 너를 원망한 적이 한 번도 없었어. 그러니 미안해하지 않아도 돼. 너 남자 친구 있다며? 나는 네가 결혼해서 행복하게 잘 살았으면 좋겠다." 오빠가 여자친구와 결혼해서 행복하게 살아내보고 싶었던 마음을 엿볼 수 있는 말이었다. 나를 진심으로 축복해 주는 그의 말을 들을 때 오빠가 고통의 시간을 잘 견뎌내고 나의 결혼식에 올 것만 같은 희망으로 부풀어 올랐다.

다음날, 방청소를 하다 우연히 오빠가 써 놓은 유서를 읽게 되었다. 나는 유서를 읽고도 그것을 '자살 경고 신호'로 인식하지 못했다. 그가 너무 밝은 모습을 보여주었기 때문이다. 오래

전에 써 놓은 글이라 생각하고 대수롭지 않게 여겼다. 유서에 대해 말씀드리면 오히려 걱정만 끼칠 것 같아 아무에게도 말하지 않고 조용히 서울로 올라왔다. 그 후로 며칠이 흘렀다… 갑자기 아버지에게 전화가 왔다. 알 수 없는 불길함 속에 안절부절 못하며 급하게 시골로 내려갔다. 언니와 내가 시골집에 도착했을 때 오빠의 몸은 이미 새까맣게 변해 비틀어져 가고 있었다.

내 눈앞에서 스러져가는 오빠를 바라볼 때 고통이 내 영혼을 삼켜버릴 것 같았다. 퍼덕거리다 오빠의 영혼이 떠나고 차갑게 식은 몸뚱어리만 남았을 때 무섭도록 아파서 허공에 소리를 지르고 싶었다. 정신을 잃을 만큼 감당할 수 없는 고통이 내 뼈마디를 할퀴었다. "제발 다시 돌아와줘, 떠나지 말아죠"라고 애원하며 매달리고 싶었다. 이성이 마비된 듯했다…

오빠의 장례는 조용히 치러졌다. 가족들만 화장터에 모여 오빠를 떠나보냈다. 그는 한 줌 재가 되어 먼지처럼 흩어져버렸다. 엄마를 잃었을 때 경험한 수치를 다시 경험하고 싶지 않아 오빠의 죽음은 사람들에게 알리지 못했다. 오빠는 다시 내 작은 가슴에 묻혔다.

오빠를 기억할 때마다, 가슴에 통증이 느껴졌다. 그가 더이
상 존재하지 않는다는 현실이 죽을 만큼 아파서 받아들이고 싶
지 않았다. 아빠의 외아들, 할아버지의 장손이었던 오빠가 스
러졌다. "형제가 몇 명이냐"고 낯선 사람이 물을 때마다 머리가
멍해졌다. 너무 아파서 사람들이 내게 물어보지 않기를 바랐다.
오빠가 세상에 존재했다는 것과 지금은 없다는 것을 떠올리고
싶지 않았다. 오빠의 죽음은 엄마의 죽음을 떠올리게 해서 더
고통스러웠다. 옷을 빨아 입었는데도 죽음의 냄새가 끊임없이
나를 따라다니는 것 같았다. 죽음의 그림자로부터 그토록 간절
히 도망치고 싶었는데 추격당해버렸다. 내가 아니라 오빠가 세
상을 떠났다는 것이 믿기지 않았다.

내면의 고통이 나를 삼켜버릴 것 같아 가슴을 움켜잡고 울
부짖었다. 타는 듯한 고통이 내 심장을 조여왔다. 슬픔이 나를
삼켜버릴 것 같았다. 오빠를 잃은 것을 받아들일 수 없어 분노
가 시도 때도 없이 치밀어 올랐다. 유서를 보고도 아무것도 하

지 못한 내 자신에 대한 분노와 죄책감이 나를 사로잡았다. 유서를 읽은 후에 대수롭지 않게 생각하고 가족에게 알리지 않은 것이 너무 후회스러웠다.

나에 대한 분노를 어떻게 표출해야 하는지 몰라 애꿎은 언니에게 분노를 쏟아내는 날도 있었다. 비 오는 날 머리를 풀어 헤치고 미친년처럼 길거리를 헤매며 오빠를 찾아다닌다 해도 하나 이상할 것 같지 않았다. 신은 어떻게 이토록 내게 잔인할 수 있을까. 어떻게 엄마를 잃은 내게서 오빠의 생명까지 다시 빼앗아 갈 수 있단 말인가. 슬픔이 잠시 가라앉았다가도 경기 일으키듯 갑자기 찾아와 나를 흔들어대곤 했다.

세월이 흘러 조금씩 마음의 안정을 찾아가기 시작했을 때 오빠가 살아온 삶의 발자취를 더듬어 보았다. 엄마와 할머니 사이의 깊은 고부 갈등에 대해 어린 나는 아는 것이 없었다. 오빠는 엄마가 돌아가시기 전부터 가족관계를 지켜보며 힘든 시간을 보냈을지도 모른다. 엄마가 떠난 후에는 변화된 가족관계로 힘들었을 테니 오빠는 나보다 훨씬 오랫동안 불안한 상황에 노출되어 있었을 테다. 새어머니가 오신 후로는 얼마나 더 정서적으로 불안하고 외로웠을까. 오빠가 우리 중에 심리적으로 가장 취약한 상태였다는 사실을, 당시엔 미처 알지 못했다. 누구보다 탁월했던 오빠는 정서적 지지를 받지 못했을 때 힘을 잃었다. 그는 가장 절실히 도움이 필요한 사람이었다. 그러나 자살로 생을 마감한 엄마에 대한 사회적 비난과 정죄로 인해 오빠는 정서적으로 더 깊은 상처에 내몰릴 수밖에 없었다.

오빠가 떠난 지 23년이 지났다.

세월이 흘렀어도 상실의 아픔에서 온전히 자유해지진 않았다. 사람을 떠나보내는 일을 경험하며 아프지 않은 사람이 어디 있으랴. 우리는 모두 다 각기 다른 모습으로 상실을 경험할 뿐, 피해가는 사람은 어디에도 없다. 나는 슬픔에서 빠져나오기 위해 애쓰지 않아도 된다고 스스로를 토닥이며 살아왔다. 그저 슬픔을 꺼안고 살아가는 법을 배우길 바랐다. 슬픔이 찾아오는 날조차 밀어내지 않고 환대해 주었다.

엄마와 오빠를 자살로 잃은 내 슬픔은 현재도 발효 중이다. 발효는 인간에게 좋은 면을 주는 미생물 작용이므로 비슷한 과정을 겪는 부패와는 구분된다. 산소 부족이라는 결핍을 통해 젖산이 발효되는 것처럼 누구에게도 쉽게 이야기하지 못하고, 사회적으로 위로받지 못했던 슬픔이 이로운 효소로 발효되고 있다.

시간이 지나면 더욱 깊은 맛을 내는 김치나 된장처럼,
내 슬픔이 깊이 숙성되어
위로가 필요한 사람에게 닿을 수 있다면,
그것으로 충분히 감사하다.

★ 첫 번째 이야기, 슬픔에도 저마다 다른 표정이 있다

오빠가 내게 남겨준 선물

비록 오빠는 떠났지만, 이 생을 살아가는
또 다른 누군가는 자신의 꿈을 펼치며
힘차게 살아갈 수 있도록 돕고 싶은 간절한 마음.

이것이 오빠가 내게 남긴 선물이다.

오빠를 기다리는 순간은 늘 달콤했다.

할 일 없이 집에만 있는 나에게 합숙 훈련을 간 오빠를 기다리는 일은 작은 행복이기도 했다. 강원도 도 대표 유망 마라톤 선수였던 오빠는 춘천으로 합숙 훈련을 받으러 다녔다. 학교 대표로 선발되어 다른 도시에 간다는 사실만으로도 오빠가 무지 자랑스러웠다. 태어나고 자란 고향을 한 번도 떠나 보지 못한 나에게 오빠는 별천지 같은 존재였다.

오빠가 집에 돌아오는 날은 뛸듯이 기뻤다. 오빠는 집에 돌아오는 대로 방에다 가방만 냅다 던져놓고 우리에게 합숙 훈련에서 있었던 일을 이야기해 주었다. 오빠의 이야기를 들을 때면 눈 오는 날 뛰어다니는 강아지처럼 방방 뛰면서 기쁘게 이야기를 들었다. 오빠가 우리에게 말하는 도중에 하늘을 보라고 했다.

"저건 비행기라고 하는 거야. 손을 흔들어봐."

비행기를 향해 손을 흔들며 꿈을 꾸었다. 저 비행기처럼 높

★ 첫 번째 이야기, 슬픔에도 저마다 다른 표정이 있다

이 비상하며 살아갈 오빠의 내일에 대한 꿈 말이다. 이 순간이 달콤한 기억으로 남아 있는 건 '엄마가 살아 계셨을 때 우리가 누린 비범하도록 평범한 날'이어서 그럴 것이다.

아버지는 엄마가 돌아가신 직후에 우리를 할머니, 할아버지 손에 맡겨 두고 타지방으로 일하러 가셨다. 가을 무가 통통하게 자라고 있을 무렵 아버지가 일 년 반 만에 집으로 돌아오셨다. 일을 하다가 다리를 다치셨다면서 오른쪽 다리에 깁스를 하고 목발을 짚고 오셨다. 아버지 옆에는 낯선 아줌마, 그리고 키가 좀 커 보이는 남자아이와 여자아이가 가방을 메고 서 있었다. 그 아주머니는 우리에겐 '한없이 낯선' 존재였다.

새어머니가 우리 집에 오시면서 우리 삶은 한 번도 상상해 본 적 없는 방향으로 흘러가기 시작했다.

그 이듬해 봄, 새어머니는 할머니, 할아버지로부터 분가해서 이사 가기를 원하셨다. 한 번도 고향을 떠나게 될 거라 생각해 본 적 없지만 새로운 환경으로 가는 것이 나쁘지만은 않았다. 남의 집 숟가락, 젓가락이 몇 개인지 속속들이 다 알만큼 작은 시골 마을이다 보니 사람들의 입방아에 엄마의 죽음이 날마다 오르내리는 것이 싫었다. 어린 나를 바라볼 때마다 혀를 끌끌 차는 동네 사람들의 모습을 더이상 보지 않는다는 것만으로도 좋았다. 내가 누구인지 모르는 사람들 속에 섞여 평범한 아이로 살아갈 생각을 하니 기쁘기까지 했다. 한편, 고향을 떠나는 것이 슬프기보다 홀가분했다는 것이 서글프긴 했다.

새로 전학 간 학교에서 적응하느라 버거운 시간을 보내는 나와는 달리 오빠는 새로운 학교에서도 금세 두각을 나타냈다. 오빠가 전교생이 모인 자리에서 반공 어린이 상장을 받는 날은 마치 내가 상을 받는 것처럼 기뻤다. 오빠는 학교의 자랑이요, 나의 자랑이었다. 그러나 새어머니는 공부도 잘하고 운동도 잘하는 오빠를 이유 없이 미워하셨다. 새어머니는 딸들은 국민학교까지, 아들인 오빠는 중학교까지만 공부시키겠다고 폭탄 발언을 하셨다. 국민학교를 졸업한 큰 언니는 할머니 댁에 남겨두고 와서 우리와 함께 이사 오지 못한 상태였다.

억장이 무너지는 느낌이었다. 새어머니는, 작은 언니가 국민학교를 졸업하기 전부터 일자리를 알아보기 시작하더니 졸업식이 끝나기 무섭게 언니를 집에서 내보냈다. 남들처럼 중학교에 들어가 계속 공부하기를 원했던 언니는 쫓겨나듯 강제로 집을 나가야 했다. 중학교 3학년인 오빠와 초등학교 6학년인 나만 집에 남게 되자 새어머니의 횡포는 갈수록 더 심해졌다. 우리집 귀한 장손이며 유일한 아들이었던 오빠가 새어머니 손에 천덕꾸러기 대접을 받는 것이 속상했다. 오빠가 중학교 3학년이었을 때, 오빠 담임선생님이 가정방문을 오신 적이 있다.

"상규가 공부를 잘 하는 아이인데 요즘 성적이 계속 떨어지고 있어요. 상규말로는 부모님이 고등학교를 보내지 않겠다고 하셨다는데. 그래서 공부에 의욕을 잃은 것 같아요."

선생님은 중학교만 공부시키기에는 너무 아까운 아이라며 고등학교를 보내시는 것이 어떻겠냐고 아버지를 설득하셨다. 그 뒤로도 오빠 담임선생님은 몇 번이나 우리 집을 찾아오셨지만 새어머니 마음은 변하지 않았다. 새어머니가 우리집에 오신 뒤로 아버지마저 새아버지가 된 것 같은 기분이었다.

그 당시 인기리에 방영된 <아들과 딸>이라는 드라마를 보면 아들에게는 귀한 남자라는 뜻의 '귀남'이라는 이름을 주고, 딸에게는 '후남'이라는 이름을 지어 준다. 남아선호사상이 뿌리 깊게 내린 집에서 태어난 이란성 쌍둥이 이야기를 다룬 드라마였다. 이런 시대적 배경 속에서 아이러니하게도, 아들이라는 이유만으로 새어머니의 미움을 받으며 살아온 오빠는 내게 아픈 손가락이었다. 중학교만 간신히 졸업하고 등 떠밀려 집을 떠나야 하는 오빠가 늘 마음이 쓰였다. 어쩌면 오빠는 내가 생각하는 것보다 훨씬 더 깊은 절망을 하고 있었는 줄도 모른다.

나는 오빠 삶이 반짝반짝 빛나기를 진심으로 바랐다. 인생의 거친 파도 앞에 꺾이지 않고 아름답게 피어나길 마음속으로 응원하고 있었다. 그런 내 바람과는 달리 오빠 삶의 희망은 작아지고 그 자리를 어둠이 대신하는 것 같아 슬펐다. 언니와 나는 공부할 수 있는 방법을 계속 모색했지만 우리 중에 가장 빛났던 오빠는 중학교 졸업 이후 두 번 다시 학교 문을 두드리지 않았다.

오빠에게 꿈이 사라진 것 같았다.

오빠 삶에 다시 작은 불꽃이 타오르기 시작한 순간도 있었다. 사랑하는 사람을 만났을 때였다. 사랑은 오빠 삶에 활력을 불어넣어 주었고, 그로 하여금 다시 꿈꾸게 했다. 오빠의 삶이 꽃처럼 활짝 피어날 것 같은 희망에 부풀어 내 마음에도 봄이 오는 것 같았다. 그러나 그 사랑이 파편처럼 부서져버렸을 때 오빠는 꽃을 피워보지 못한 채 어둠 속으로 소멸되고 말았다.

수년 전, 출산할 날이 며칠 남지 않아 만삭의 몸으로 걷는 것도 힘든 여인을 만났다. 아이가 태어날 기쁨으로 여인의 얼굴엔 행복이 가득 묻어 있었다. 그러나 아이가 태어난 기쁨이 채 가시기도 전에 두 주 만에 아이가 떠났다. 아이와 엄마가 한 몸이 되어 함께 호흡하고 살아오던 시간들, 긴 기다림을 끝내고 아이가 태어나 첫 울음을 터트리던 환희의 순간이 금세 잿빛으로 변해버렸다. 아이를 잃고 넋이 나간 여인에게 무슨 말을 해야 할지 몰라 가만히 안아 주었을 때 내 심연에 있던 고통과 부딪쳤다.

오빠가 우울증을 앓기 시작하면서부터 그를 가슴에 품고 "이 생명을 붙들어 달라"고 밤낮으로 기도했다. 오빠를 잃은 나의 고통은 아이를 잃은 이 여인의 고통과 닿아 있었다. 묻어둔 고통이 올라오자 눈물이 쏟아져 내렸다. 내가 통곡하기 시작하자 울음을 삼키고 있던 여인도 따라 울기 시작했다.

타인의 고통과 연결되는 순간 잠자고 있던 슬픔이 수면으로 떠올라 주체할 수 없는 눈물이 쏟아질 때가 있다. 그날이 그랬다.

오빠와 함께 비행기를 처음 보았을 때 그의 삶은 저 비행기처럼 높이 그리고 멀리멀리 날아갈 수 있을 거라 생각했다. 결국, 그가 가지고 있던 재능들로 날개를 제대로 펼쳐보지도 못한 채 꺾이고 말았다. 오빠를 떠난 보낸 뒤 사람을 잃고 싶지 않은 절박함이 생겼다. 잃어버려도 아깝지 않은 생명이란 없기 때문이다. 내가 무너지지 않고 살아낼 수 있었던 것은 사람을 살리고 싶은 간절함 때문이었을 것이다. 사랑하는 사람이 죽음을 선택할 수밖에 없었던 고통을 다른 사람은 경험하지 않기를 바랐다. 죽음이 아니라 삶을 선택할 수 있도록 돕기 위해서 내가 할 수 있는 것은 무엇일까 고민하기 시작했다. 내가 할 수 있는 건 내가 만나는 사람들에게 '좋은 부모'가 되어주는 일이라 생각했다. 돌봄의 상실을 경험하고 살아가는 사람들이 상처 속에서 꽃을 피워 나갈 수 있도록 든든한 정서적 지지를 해주는 사람이고 싶었다.

그동안 선교사로 살아오면서 행정적으로 교회를 유려하게 키워 나가는 일보다 내가 만나는 한 사람, 한 사람에게 좋은 부모가 되어주고 싶은 마음으로 살아왔다. 대학사역을 할 때, 대학을 떠나면서 "당신의 허그가 가장 그리울 것"이라고 말하는 학생들이 있었다. 아이들을 충분히 안아주고, 격려해 주고, 공부를 계속해 나갈 수 있도록 길을 만들어 주며 아이들을 키워냈다. 아이들이 지지 받고, 사랑받고 있다는 정서적 안정감을 충분히 제공해 주어 절망의 순간이 왔을 때 삶을 선택할 수 있는 비빌 언덕이 되어 주고 싶었다.

비록 오빠는 떠났지만, 이 생을 살아가는

또 다른 누군가는 자신의 꿈을 펼치며

힘차게 살아갈 수 있도록 돕고 싶은 간절한 마음.

이것이 오빠가 내게 남긴 선물이다.

★ 첫 번째 이야기, 슬픔에도 저마다 다른 표정이 있다

나를 용서하기

나 자신과 화해한 후 비로소 나를 내려놓을 수 있었다.
사람은 누구나 부족하고, 실패할 수 있으니
그래도 괜찮다고 나를 안아주었다.

나를 다그치는 일을 멈추고
나의 아픔을 따뜻한 마음으로 바라보기 시작했다.

오빠의 유서를 읽은 사람은 나밖에 없었다.

유서를 읽고도 아무것도 하지 않은 나를 비난하며 살았다. 오빠가 떠난 뒤 무서운 죄책감이 나를 짓눌렀다. 오빠의 죽음을 친구들에게 알리지 않았기 때문에 내 마음 안에 무슨 일이 벌어지고 있는지 아는 사람은 없었다. 나만 아는 외딴섬에 갇혀 지독한 내적인 싸움을 했다. 내적인 싸움은 실로 가혹했다. 내면의 목소리는 고장 난 라디오처럼 멈추질 않았다.

"네가 오빠의 유서를 읽은 후에 가족에게 알렸다면 오빠가 살아있을지도 몰라."

마음은 한없이 움츠러들었다. 사람을 잃는 것이 더 두려워졌다. 어쩌면 사람이 떠난 뒤 남겨지는 것이 더 두려웠는 줄도 모른다. 내게 온기를 전해주던 사람이 내 곁을 떠나지 않도록 붙잡고 싶었다. 사람을 잃고 싶지 않은 두려움은 타인의 필요를 채워주는 일에 동물적인 감각을 발휘하게 했다. 타인의 부탁이 내가 감당하기에 벅찬 경우에도 "아니요"라고 말할 수 있는 용기가 없었다. 내 삶의 경계를 존중하지 않고 무리한 부탁을 하는 사람들조차 밀어내지 못했다.

더는 감당할 수 없을 만큼 피곤하고 지쳐 있는 상태에도 타인을 돌보는 일을 멈추지 않았다. 내 몸의 에너지는 쉽게 방전되는 배터리 같았다. 한마디로 나의 삶에 균열이 나기 시작했다. 일상의 삶 속에서 수없이 반복되는 번아웃(Burnout)의 이유가 무엇인지 알지 못했다. 번아웃(Burnout)은 일에 지나치게 몰두하던 사람이 어느 시점에서 갑자기 모두 불타버린 연료와 같이 극도의 피로감을 느끼고 무기력해지는 것을 말하는데, 내가 바로 그러했다.

내 삶의 모든 연료를 다 갈아 넣어 타인의 필요를 채우며 사는 나 자신에게 가장 필요한 일은, 나를 돌보는 일을 배우는 것이었다. '자기자비(Self-Compassion)'를 공부하기 시작한 것도 나를 어떻게 돌봐야 하는지 배우기 위한 절박한 마음에서였다. 나만 아는 세상에서 외로운 싸움을 하는 나를 돕기 위해 '자기 자비'라는 세계에 입문하게 되었다. 네프(Neff)는 "자기자비

(Self-Compassion)는 자기 자신이 어려움에 처했거나 실패했을 때 어려움에 처한 친구를 위로하고 공감해 주는 것처럼 자신에게 친절하게 대하는 것"이라고 말한다. 즉, 자신을 비난하기보다는 이해하고 포용하며 삶의 실패와 어려움을 인간 삶의 보편적인 부분으로 인식하고 받아들이는 것을 의미한다.

자기 자비를 공부하면서 내 삶을 돌아보게 되었다. 타인의 어려움에는 따뜻한 위로를 전해주고 싶어 했지만 위로가 필요한 나 자신에게는 자기 비난이라는 채찍질을 멈추지 않고 살아왔다. 나는 타인에게 좋은 친구였는지 몰라도 나 자신에게는 좋은 친구가 아니었다. 어쩌면 내 심연 깊은 곳에는 내가 타인의 필요에 민감하게 반응하면 타인도 나를 돌봐 줄 거라는 환상이 있었을지도… 살아오면서 그 환상은 무참히 깨어졌다. 사람들은 내가 생각하는 것처럼 타인에게 관심이 없었다. 내 몸과 마음의 상태를 가장 잘 아는 사람은 결국 나 자신이었고 나를 돌봐야 하는 사람도 '나'였던 것이다.

자신을 사랑하고 돌보는 일은 저절로 장착되지 않았다. 나의 경우에는 어떻게 나를 사랑하고 돌봐야 하는지 다시 배워야 했다. 나를 돌보는 일을 배우기 시작하면서 가장 먼저 한 일은 경계를 세우는 일이었다. 내가 할 수 없는 부탁을 받았을 때 "아니요"라고 말하는 법을 연습해야 했다. 거절하려고 할 때마다 마음이 불안해지고 심장이 요란스럽게 뛰곤 했다. 요동치는 심장을 간신히 타이르며 "아니요"라고 말하기 시작했다. 타인의 마음이 불편해지더라도 나를 돌보기 위해서는 통과해야 하는 관문이었다.

"아니요"라고 말을 들을 준비가 되지 않은 사람들은 내게 분노했고, 거리를 두는 사람들도 있었다. 나의 상황을 헤아리지 않는 사람들의 무례함보다 부탁을 거절하는 내가 더 나쁜 사람이 된 것만 같은 마음의 갈등은 쉽게 진정되지 않았다. 처음에는 사람을 잃을지도 모른다는 팽팽한 두려움이 나를 집어삼킬 것 같았지만 물러설 수 없었다. 번아웃으로 수없이 무너지는 삶을 새롭게 일으키기 위해서는 나를 돌보는 일을 우선순위에 두어야만 했다. 나의 경계를 지키지 않고 무리한 요구를 하는 사람들로부터 내 스스로 적당한 거리를 두기 시작했다.

오빠가 떠난 뒤에 내게 필요한 것은 위로였는데도, 그런 나 자신에게 지독한 비난의 언어를 던지며 스스로를 괴롭히며 살아왔다. 위로받을 수 없는 사각지대에 살고 있는 나 자신에게 좋은 친구로 있어주지 못했다. 가장 사랑하는 친구가 오빠를 잃었다면 나는 '뭐라고 말해주고 싶을까'를 생각했다. 적어도 오빠를 잃은 친구에게 "너 때문에 오빠가 떠났어"라고 말해주지는 않았을 테다. 사랑하는 친구를 대하듯 나를 비난하는 말을 멈추었다.

"오빠가 떠난 것은 네 잘못이 아니야."

그동안 차마 하지 못하던 말을 나에게 해 주었을 때 걷잡을 수 없는 폭풍이 휘몰아쳤다. "네 잘못이 아니야, 네 잘못이 아니야"를 말해주며 목놓아 울었다. 비로소 죄책감의 먹구름이 물러나고 '자기용서(Self-Forgiveness)'라는 햇살이 비추기 시작했다.

무섭도록 잔인했던 슬픔의 무게에 짓눌려 살아온 나를 가장 많이 비난한 사람은 나 자신이었다. 나를 옭아매고 있는 무거운 죄책감으로부터 나를 풀어줄 수 있는 사람도 결국 '나'였다. 비난으로 스스로를 채찍질하며 살아온 나의 삶이 더 아프게 다가왔다. 그런 나를 안아주기 시작했을 때 오빠와 마지막으로 나누었던 대화가 떠올랐다. "경임아! 나는 네가 행복했으면 좋겠다." 죄책감에 시달리며 살아오느라 오빠가 내게 전해준 따뜻한 온기는 까맣게 잊고 살아왔다. 나에게 가장 필요한 것은 나를 용서하는 일이었다. 이렇듯 자기 용서(Self- Forgiveness)는 무거운 죄책감으로부터 나를 풀어주었다.

나 자신과 화해한 후 비로소 나를 내려놓을 수 있었다. 사람은 누구나 부족하고, 실패할 수 있으니 그래도 괜찮다고 나를 안아주었다. 나를 다그치는 일을 멈추고 나의 아픔을 따뜻한 마음으로 바라보기 시작했다. 슬프고 우울하고 불안에 시달리며 살아온 내 삶을 힘껏 껴안아 주었다. "슬프고 우울해도 괜찮다. 불안해도 괜찮다"며 나를 토닥여 주기 시작했다. 반짝반짝 빛나는 내가 아니라 흔들리고 불안한 나를 안아주며 괜찮지 않은 나를 있는 그대로 수용해 주었다. 나를 있는 그대로 받아주기 시작하면서 나에게 조금 더 너그러워질 수 있었다.

　나를 갈아 넣어 이웃을 사랑한 후 번아웃 되면 내게 남은 것은 기쁨과 행복이 아니라 '분노'였다. 돌봄이 필요한 나를 타인이 남용한 것 같은 생각이 들어 '억울'하기까지 했다. 나를 어떻게 사랑하는지 알지 못하면서 어떻게 "네 이웃을 네 몸과 같이 사랑하라"(마태복음 22:39)는 성경말씀을 삶에서 살아낼 수 있을까. '자기 자비 (Self-Compassion)'는 삶을 대하는 나의 태도에 변화를 주었다. 나를 향한 비난을 멈추고 내 삶에 건강한 경계를 세울 수 있게 도와주었다. 나를 돌보기 시작하면서 몸과 마음이 전보다 자유로워지고 건강해지기 시작했다.

　그러나 이게 그렇게 쉽게 되었을 리 없다. 지금까지 나는 관성의 법칙처럼 줄곧 나를 비난하는 삶을 살아왔기 때문이다. 매 순간 의지적으로 나를 돌보는 일을 선택해야 했다. 나를 비난하는 생각이 일어날 때마다 마음의 태도를 다시 점검하곤 했다. 모두가 나를 떠나더라도 가장 마지막까지 나와 함께 있을 나 자신에게 가혹한 친구가 되고 싶진 않았다.

앞으로도 '매순간' 나 자신에게 좋은 친구, 좋은 지지자, 좋은 부모가 되어주고 싶다. 그리고 이 책을 읽고 있는 당신도 삶의 아픔을 끌어안고 따뜻하게 안아주었으면 한다.

사랑하는 사람을 잃은 것은 결코,
당신 잘못이 아니기 때문이다.

들꽃/박경임

척박한 돌담 사이
숨어있던 작은 씨앗
어여쁜 꽃으로 피어났어도
찾아주는 이가 없으며

어두움 밀어내고
빛으로 피어난 작은 꽃
겸손히 고개 숙여
눈에 담아주는 이가 없다

보이지 않는
그림자처럼 잊혀지고
온몸이 으스러지도록
짓밟힐지라도

다시 싹 틔우며
향기내는 꽃 피워 내리니
내 이름을
'들꽃'이라 불러주오

★ 첫 번째 이야기, 슬픔에도 저마다 다른 표정이 있다

자살 유가족과
자살 유가족이 만나다(1)

　자살 유가족의 마음을 가장 잘 헤아릴 수 있는 존재는, 아마도 또 다른 자살 유가족일 것이다. 2021년 6월 말, 사랑하는 어머니를 자살로 떠나보낸 소재웅 작가와 이 책의 저자 박경임이 만나 대화를 나누었다.

　　소재웅_ <슬픔을 발효 중>을 집필하시는 박경임님의 여정을 보며 몇 가지 여쭤보고 싶은 부분이 있었습니다. 조심스러운 질문이지만, 이 책을 읽게 될 독자분들을 대신해서 질문한다고 생각해주시면 좋겠습니다.

　　깊은 상처가 담긴 기억을 꺼낸다는 건 고통을 수반하게 됩니다. 그럼에도, 이렇게 기어코 깊은 상처의 시간들을 꺼내신 이유, 아니 꺼낼 수밖에 없었던 절박한 이유가 무엇인지 여쭙고 싶습니다.

박경임_ 보통 스스로 생을 마감한 사람들에 대해 "사회적으로 해서는 안 되는 행동을 했다"는 낙인과 편견이 붙곤 하죠. 저 역시 그래서, 저의 가족이 떠나간 아픔을 비밀로 부쳐야 했어요. 한 마디로 '말할 수 없는' 비밀이었던 셈이에요. 그 비밀로 인해, 사랑하는 가족이 죽었지만 마음대로 슬퍼하지 못했고, 오히려 그 비밀을 부끄러워하고 죄인처럼 숨기며 제 마음과 모습을 감춘 채 살아왔죠. 그런데 제가 살던 동네는 너무 작은 동네라 숨길 수가 없었어요.

만 5살, 그러니까 엄마가 세상을 떠났을 때 경찰이 왔어요. 제가 엄마의 죽음에 대한 증언을 하면서 저의 얼굴이 마을에 알려지게 되었어요. 그런데 그게 저에겐 전혀 좋은 일이 아니었어요. 감춰져 있던 아이가 엄마의 죽음으로 동네에 드러나면서 저에겐 "엄마가 버리고 간 아이"라는 낙인이 찍혀버렸죠. 저는 숨을 곳 없는 존재가 되어버린 거죠. 세월이 흘러 전학을 갈 땐 오히려 기뻤어요. 나를 숨길 수 있었으니까요… 그러나 감히, 주위 사람들에게 도움 받을 생각은 못했죠. 그 정도로 당시 제가 처한 상황은 자살 유가족에게 열악하고 거칠었던 셈이에요.

더욱 안타깝고 슬펐던 건 교회가 저에게 가장 안전하지 않은 장소였다는 점이에요.

소재웅_ 지금 말씀하신 부분은 참 안타깝고, 슬프다는 생각까지 듭니다. 사실 교회라는 곳이 자살 유가족의 상처를 보듬는 것이 아니라 소금을 뿌리는 역할을 하는 경우가 꽤 많잖아요.

박경임_ 예, 정말 그러하죠. 엄마와 가장 많은 추억을 공유했던 교회가 저에게 안전하지 않은 곳이 될 수밖에 없는 현실이 슬펐어요. 모태신앙으로 지금까지 교회 안에서 자라왔지만 제가 가족을 자살로 잃었다는 사실을 아는 사람은 많지 않아요. 한 마디로 고립된 인생을 살아온 거지요.

그렇다면 제가 이렇게 글을 쓴 이유는 무엇일까요? 지금
은, 다시 그 강렬하고 생생한 현장으로 들어가려 하거든요. 고
립된 인생으로부터 나와서, 이제는 금지된 슬픔을 깨뜨리고
세상과 연결되고 싶은 마음 때문이에요.

"이야기는 사람이 세상으로 들어가는 관문"이라는 말이 있
죠. 이제는 정말 그 거칠었던 시간들을 통과하여 세상으로 나
오고 싶은 거예요. 세상과 연결되고 싶은 거죠. 너무 오랜 시
간 고립되어 살아왔기 때문이에요. 계속해서 상처 입은 어린
아이로 살아가는 것이 아니라, 그 상처를 딛고 통과한 사람으
로 세상과 소통하며 살고 싶어요.

한편 이 집필 작업은 또 다른 자살 유가족인 저의 언니와
아버지를 위함이기도 해요. 저는 그래도 제가 있는 자리에서
끝없이 애도했고, 끊임없이 나로 살아가기 위해 몸부림쳐왔지
만, 아버지와 언니는 슬픔 안에 갇혀 살았거든요. 그것도 평생

을… 보통 자살 유가족들의 마음에는 "아무하고도 말하고 싶지 않다. 너무 아프기 때문에 꺼내보고 싶지 않다." 이런 마음이 담겨 있죠. 그 마음을 품은 존재가 바로 저의 언니와 아버지에요. 제가 언니에게 이런 말을 한 적이 있어요. "내 슬픔을 햇빛 쬐는 날에 빨랫줄에 널고 싶다." 언니로부터 이런 답신이 오더군요. "경임아! 햇빛에 널지 마. 그냥 말리지 마!" 그 상처와 아픔을 덮어버려서 다시는 열어보고 싶지 않은 거죠. 그래도, 그럼에도 불구하고, 그 현장으로 들어가야 애도를 시작할 수 있거든요. 그 현장에 들어가지 않고는 통과할 수 없으니까요.

소재웅_ 예, 아프지만, 고통스럽지만, 그 현장에 들어가지 않고서는 통과할 수 없다는 생각을 저 역시 합니다.

박경임_ 이렇게 슬픔을 안으로만 삭히고 살아가는 사람이 어떻게 나의 언니와 아버지뿐이겠어요? 정말 많은 유가족들이 고통 가운데 놓여 있잖아요. 자살 유가족 중 소수만 자신들의 이야기를 꺼내놓을 뿐이죠. 그래서 저의 5살에서 48살까지, 긴 시간을 관통하여 꺼내놓는 저의 이야기를 통해 자살 유가족분들의 애도를 돕고 싶은 거예요. 그저 슬픔에 머물러 있는 것이 아니라, 다시 그 아픔의 현장으로 들어가서 함께 통과하고 싶은 겁니다. 그래야 현재가 있고 미래가 있으니까요.

그런 치열한 절박함이 저로 하여금 글을 쓰게 했습니다.

슬픔의 터널을
통과해내는 중입니다

내 마음속의 선생님

중학교 3학년 겨울이 되고,
같은 반 친구들은 고등학교 원서를 쓰느라 한참 바빴다.
집안 사정으로 일반 고등학교에 갈 수 없었던 나는
아무것도 하지 못하고 있었다.

그때 "얼굴 한 번 볼 수 있겠나"는
선생님의 전화가 걸려왔다.

국민학교를 졸업하자마자 속초 가는 버스에 몸을 실었다.

 속초에 도착하니 비릿한 바다 내음이 코끝에 닿았다. 어설픈 걸음으로 굴뚝이 길게 솟아 있는 공장 안으로 들어갔다. 남성 트렌치코트를 만드는 회사였다. 코트 벨트에 구멍 뚫는 일은 할 수 있을 거라며 사장은 어린 나를 채용했다. 몇 달 후 주문받은 물량이 많다며 작업반장은 나를 야간 작업에 투입시켰다. 야간 작업에 익숙하지 않던 터라 꾸벅꾸벅 졸다가 수백 장의 코트 벨트 구멍을 잘못 뚫었다. 수백 장의 벨트를 버려야 하니 작업반장은 화를 참지 못하고 고래고래 소리를 질렀다. 그날 밤, 서럽게 울다 지쳐 잠이 들었다.

 다음날 아침 전화가 왔다. 새어머니가 7년 된 만기 적금을 들고 야반도주했으니 당장 집으로 돌아오라는 아빠의 전화였다. 전화를 끊고 엉겁결에 짐을 챙겨 허겁지겁 고향으로 돌아왔다. 아빠는 충격에 빠져 술독을 안고 계셨다. 아빠와 둘이 살기 시작하면서 집안 살림은 모두 내 몫이었지만 새어머니가 없다는 것은 내게 해방감을 주었다. 게다가 새어머니가 집을 떠남으

★두 번째 이야기, 슬픔의 터널을 통과해내는 중입니다

로 인해 의무교육이었던 중학교에 갈 수 있는 기회를 선물 받을
수 있었다.

이듬해 봄, 마침내 학교 정문에 발을 딛고 교실에 앉을 수
있었다. 교실 문이 스르르 열리면서 선생님이 들어오셨다. 단발
머리를 한 선생님은 자신의 이름을 초록색 칠판에 '김경옥'이라
고 크게 적어 내려가셨다. 선생님은 자신을 소개했다.

"한 해 동안 너희랑 함께 할 담임선생님이야."

집은 불안한 곳이었지만 학교는 행복을 주는 공간이었다.
선생님은 학생들을 끔찍이도 아껴 주셨고, 친구들은 우정이라
는 말이 부끄럽지 않을 만큼 서로를 챙겨 주었다. 그러나 학교
생활이 한참 무르익어 갈 때쯤, 아버지는 갑자기 이사를 가야
한다고 하셨다. 전학을 가면 나와 연결된 모든 관계가 끊어질
것 같아 쉽게 받아들여지지 않았다. 도살장으로 끌려가는 소처
럼 마지못해 아버지를 따라 다른 지역으로 이사를 갔다.

전학을 가고 얼마 되지 않았을 때 뜻밖에도 선생님께서 전화를 주셨다. 잘 지내고 있냐고 안부를 물으시며 너희 집에 놀러가도 되냐고 물으셨다. 선생님은 내 단짝 친구까지 데리고 우리집에 오셨다. 낯선 환경에서 적응하며 좌충우돌하고 있는 내게 "너는 잘할 수 있을 거야"라고 응원해 주시는 것 같았다. 중학교 3학년 겨울이 되고, 같은 반 친구들은 고등학교 원서를 쓰느라 한창 바빴다. 집안 사정으로 일반 고등학교에 갈 수 없었던 나는 아무것도 하지 못하고 있었다. 그때 "얼굴 한 번 볼 수 있겠냐"는 선생님의 전화가 걸려왔다.

진눈깨비가 흩날리는 제법 쌀쌀한 초겨울, 무슨 이야기를 하게 될지 모른 채 우울한 마음으로 약속 장소에 나갔다. 선생님은 통장과 도장을 내 손에 꼭 쥐어 주시며 말씀하셨다.

"경임아! 내가 교사가 되고 나서 3년 적금을 부었는데 이번에 적금이 만기 되었어. 이 돈이면 고등학교는 충분히 졸업할 수 있을 거야."

선생님이 결혼할 때 쓰시려고 모아둔 재정은 나에게 과분했다. 무엇보다 이 큰 재정을 선생님께 다시 갚을 자신이 없었다. 당황한 나는 "이 돈을 선생님께 갚을 자신이 없어요"라고 볼멘소리로 대답했다. 선생님이 말씀하셨다. "나에게 갚지 말고 사회에 환원하면서 살아가면 돼." 차마 통장을 받지 못하고 테이블에 올려놓고 도망치듯 자리를 빠져나왔지만 선생님 마음은 받은 거나 진배없었다. 사랑받는 것이 서툴렀던 나의 미숙함으로 선생님 마음이 아프셨을 거라는 생각을 그때는 하지 못했다.

사람들이 내게 자주 하는 질문이 있다. "쉽지 않은 환경 속에서 어떻게 살아오셨어요?" 김주환은 그의 저서 <회복 탄력성>에서 말한다. "어려운 환경 속에서 꿋꿋이 제대로 성장해 나가는 힘을 발휘한 아이들이 예외 없이 지니고 있는 공통점이 하나 발견되었다. 그것은 그 아이의 입장을 무조건적으로 받아주는 어른이 적어도 그 아이의 인생 중에 한 명은 있었다는 것이다." 나의 거절에도 아랑곳하지 않고 선생님은 내 평생의 지지자가 되어 주셨다. 선생님의 봄 같은 사랑을 먹고 나는 지금까지 성장해 올 수 있었다.

혹시라도 타임머신을 타고 그때로 다시 돌아갈 수 있는 기회가 주어진다면… 선생님의 통장을 감사함으로 받을 수 있을 것 같다. 그리고 이렇게 말씀드리고 싶다.

"선생님은 제가 만난 최고의 선생님이십니다. 정말 감사합니다."

내게 가장 어울리지 않는 옷,
결혼

내 등을 쓸어 주시는 어머님을 안고
펑펑 눈물을 쏟아냈다.
그날 밤, 어머님과의 화해는
결혼 생활로부터 도망치고 싶었던 마음에

마침표를 찍게 해 주었다.

오빠가 떠난 이듬해에 나는 결혼했다.

어머니를 잃은 후에 가장 두려운 일은 내 인생에 특별한 사람을 만드는 것이었다. 나와 가장 특별한 사랑을 나눈 어머니가 떠난 자리는 감당할 수 없을 만큼 아팠다. 사랑하는 사람이 떠난 후에 남겨진 자의 고통을 또다시 경험하고 싶지 않아 누군가를 먼저 사랑하는 일이 두려웠다.

어쩌면 내 무의식은 "사랑은 나를 위험에 빠뜨리는 일"이라 외쳤는지도 모르겠다. 사랑에 빠진다는 것은 나의 경계선을 무너뜨리는 일이다. 내가 좋아하는 것을 포기하고 때로는 내 자존심이 짓밟히는 것도 감수할 수 있는 용기, 나를 위해 반짝이며 존재하는 별을 찾은 것 같은 착각, 불꽃처럼 타오르는 정열로 나를 다 내주어도 아까울 것 같지 않는 사랑, 이런 사랑에 빠지지 않도록 내 이성은 나의 감정을 인위적으로 통제하고 있었는 줄도 모른다. 사랑할 용기도, 헤어질 용기도 없는, 이런 나를 있는 그대로 사랑해 주는 사람을 만나 그의 손을 잡고 결혼 서약을 했다.

사랑에 대한 신뢰에 금이 가 있는 채로 결혼이라는 새로운 세계에 발을 들여놓았다. 타인과 가족이 되어 함께 살아가는 여정은 무방비 상태로 자신의 연약함을 그대로 노출시키는 일이었다. 나의 결핍과 상처, 남편의 연약함 그리고 시부모님 안에 미처 해결되지 못한 상처가 한곳에 어우러진 관계 속에서 살아내는 것은 무척 버거웠다. 나의 기대와 남편의 기대, 내가 시부모님에게 거는 기대와 시부모님이 며느리에게 거는 기대가 달랐을 것이다. 결핍과 상처로 촘촘히 마주한 삶의 일상에서 서로의 기대를 충족시키기에는 역부족이었다.

내 유년 시절의 결핍으로 인해 시부모님 사랑을 듬뿍 받아 보고 싶은 기대가 있었다. 그런 내게 결혼 전에 예비 시부모님은 "딸처럼 생각하겠다"라고 말씀하셨다. 딸 같은 사랑을 받고 싶어서 그 말씀을 그대로 믿었다. 온 마음을 다해 내 부모, 내 가족이라 생각하며 살고 싶었지만 어떤 순간이 올 때마다 '며느리'라는 정체성을 부인할 수 없었다. 나는 딸이 아니라 며느리였던 것이다. 딸처럼 마냥 편안하게 말하고 행동해서도 안 되고, 며느리라고 거리만 두기에는 불편한 사이, 그 경계선에서 어떻게 중심을 잡고 살아야 하는지 알 길이 없었다. 사랑받고 싶은 나의 마음과 사랑을 주고 싶은 시부모님의 마음은 자주 길을 잃었다.

난 가족의 죽음에 대해 시부모님께 말씀드리지 않고 결혼했다. 아니, 어쩌면 평생 시부모님께 비밀로 하고 싶었다. 자살 유가족으로 살아오면서 경험한 사회적 편견과 낙인을 다시 경험하고 싶지 않았다. 그러나 전혀 예기치 않던 방법을 통해 시부모님은 친정 가족에 대한 죽음을 알게 되었다. 수치를 가리기 위해 입고 있던 옷이 발가벗겨진 기분이었다. 들쑤셔진 상처는 쓰리도록 아팠고 견디기 힘들만큼 버거웠다. 시어머님과의 갈등이 증폭되었다.

할 수만 있다면, 결혼 생활을 끝내고 싶었다.

결혼만큼 내게 어울리지 않는 옷이 또 있을까 싶었다. 그때부터 어머님의 기대에 부응하기 위해 노력하는 것을 멈추고 미움 받는 며느리로 사는 것을 선택했다. 그래야 이 결혼에서 도망치고 싶은 마음을 멈출 수 있을 것 같았다. "넌 네가 하고 싶은 말은 다 하고 사는구나, 내 때는 너처럼 그렇게 할 말 다 못하고 살았다." 그렇게 말씀하시는 어머님께는 죄송했지만 그래야 내가 살 수 있을 것 같았다. 어머님과 나의 사랑은 어긋나버렸다. 아니 어긋나 보였다.

　세월이 흘러, 결혼한 지 벌써 스무 해가 넘었다. 예전에는 힘이 세다고 느꼈던 어머니가 요즘에는 한없이 작게 여겨진다. 몇 해 전에 "내가 너에게 상처 준 것 있으면 뭐든 다 말해봐라." 어머님이 차분하게 말씀하셨다. 주저하고 말을 못하는 나를 채근하셨다. 그동안 마음에 담고 있었던 어머님의 '말'들을 말씀 드렸다. 어머님은 그렇게 말씀하신 순간을 기억조차 못하고 계셨다. "네가 많이 아팠겠구나. 미안하다." 기억나지 않는 순간일지라도 내 마음이 아팠던 것을 헤아리시며 어머님은 용서를 구하셨다.

　내 등을 쓸어 주시는 어머님을 안고 펑펑 눈물을 쏟아냈다. 그날 밤, 어머님과의 화해는 결혼 생활로부터 도망치고 싶었던 마음에 마침표를 찍게 해 주었다. 사실 남편으로 인해 나는 더 괜찮은 사람으로 성장할 수 있었다. 그러나 그의 무수한 연약함과 내 안에 있는 상처가 함께 버무려져 결혼 생활은 늘 위태로웠다.

무수한 갈등 속에 흔들렸지만 이 결혼을 끝내지 않길 잘했구나 싶은 그런 날이었다. 앞으로 '남편과 소소한 일상의 행복을 더 많이 누리고, 저녁노을을 함께 바라보는 시간을 아까워하지 말자'고 다짐했다.

그날 나는 표현하지 못했지만
어머님에 대한 존경과 감사의 마음으로 눈시울이 붉어졌다.

며느리에게 용서를 구하실 수 있는 어머님이
세상에 몇 분이나 될까.

이렇게 좋은 사랑

"아이야! 내게 선물처럼 와주어서 정말 고마워.
살다가 힘든 순간이 오거든 뒤를 돌아봐.

엄마가 거기 서 있을 게.
잊지 마. 엄마가 늘 네 등 뒤에 있다는 것을."

속이 메슥거렸다.

이유를 알 수 없이 냄새를 맡으면 역겹고 토할 것 같았다. 미열이 나는 것 같아 누워 있었는데 쉬어도 컨디션이 좋아지지 않았다. 결혼하고 나서 처음 살아보는 도시, 광주는 낯설었다. 아는 사람이 없으니 아프다고 엄살 부릴 이웃도 없었다. 체기가 계속되는 것 같아 알음알음 물어 병원에 갔다. 뜻밖에도 의사 선생님은 임신이라 했다.

생명은 그렇게, 불현듯 찾아왔다.

아이는 산달이 가까워질 때까지 옆으로 누워 있었다. 의사 선생님은 자연분만은 어려울 거라며 힘주어 말씀하셨다. 그러나 아이는 모두의 예상을 깨뜨리고 태어나기 직전에 재빠르게 머리를 아래로 돌렸다. 좁은 산도를 통과해 작은 핏덩이로 태어난 아이는 우렁차게 울어댔다. 갓 태어난 아기가 내 품에 안겼을 때 온몸에 전율이 느껴졌다. 꼬물거리는 아이가 힘차게 젖을 빠는 모습은 경이롭기까지 했다.

온 마음을 다해 사랑한 엄마를 갑작스럽게 잃은 후에 누군가를 사랑하는 일이 힘들었던 나였다. 사랑하는 사람이 떠난 후에 남겨지는 것이 두려웠다. 그러나 아이는 사랑에 빠지는 것이 두려웠던 내 마음을 물밀듯 밀고 들어왔다. 온 마음을 열고 마음껏 사랑할 수 있는 존재. 주저함 없이, 망설임 없이 할 수 있는 사랑. 나를 주고 다 내어 주어도 더 많은 것을 줄 수 없음이 미안한 사랑. 아이는 내게 그런 존재였다. 아이와 함께 한 순간은 열정과 환희의 순간이었다. 나는 아이 곁에 건강하게 오래 머물며 늙어가는 모습을 보여 주는 그런 '엄마'가 되고 싶었다.

그러나 나의 열망과는 다르게 내 삶에 절망이 밀려왔다. 2007년, 다섯 살 아이를 데리고 남편과 함께 필리핀으로 떠났다. 외향적이고 밝은 성격을 소유한 나는 낯선 환경에 잘 적응하는 사람이었다. 익숙하지 않은 환경에서 처음 만나는 사람들과 함께하는 것이 내게는 힘든 일이 아니었다. 그러나 새로운 환경에 온전히 뿌리를 내리고 살아내야 하는 삶은 그동안 내가 경험한 짧은 여행과는 달랐다. 연일 계속되는 문화충격 속에서 정신이 혼미해졌고, 억울한 상황을 겪어도 언어가 자유롭지 않으니 꿀 먹은 벙어리나 다를 바 없었다. 아이는 피부색이 다른 아이들과 쉽게 어울리지 못했고 아침마다 유치원에 가지 않겠다고 떼를 썼다. 스트레스 상황이 계속되자 우리 가족은 점차 괴물로 변해가고 있었다. 낯선 나라에 적응해가는 과도기를 겪으며 우린 서로에게 아무 힘이 되어주지 못했다. 다정했던 남편은 본인이 감당할 수 없는 스트레스를 나에게 쏟아내기 시작하면서 결혼 생활마저 파국으로 치달았다.

엎친 데 덮친 격으로 나는 풍토병에 걸려 시름시름 앓기 시작했다. 풍토병으로 인해 얼굴이 퉁퉁 부어 얼굴을 알아보기 힘들 정도였다. 오른쪽 고막이 찢어질 듯 아팠지만 필리핀 현지 의사는 열이 내리면 괜찮을 거라고만 했다. 고열에 시달리고 귀는 찢어질 듯 아팠지만 현지에서 제대로 된 치료를 받는 것을 기대하기는 어려웠다. 통증을 견디기 위해 진통제를 먹었다. 진통제를 감당하지 못한 내 위장은 완전히 뒤집어져서 음식을 소화시키지 못했다. 간신히 버텨오던 일상은 둑이 무너지듯 처참하게 무너져 내리기 시작했다. 아프기 시작하면서 밥을 먹지 못하자 체력이 급격히 떨어졌다.

　　　★두 번째 이야기, 슬픔의 터널을 통과해내는 중입니다

불면증으로 인해 밤마다 뜬 눈으로 날을 새기 시작했고, 오른쪽 귀는 언제부터인가 들리지 않았다. 음식을 먹지 못한 지 보름이 넘어서자 내 혀는 돌처럼 굳어져갔다. 인터넷이 원활하지 않던 시절이라 아프다고 국제전화를 할 엄두도 내지 못했고 그저 견디고 버티면 괜찮아질 줄 알았다. 그러나 시간이 지날수록 더 깊은 어둠이 내 몸과 영혼을 짓눌렀다.

마치 햇빛이 들어오지 않는 독방에 홀로 있는 것 같은 느낌이었다.

지독하게 외로웠다. 내가 의지하던 하나님의 존재는 어디에도 느껴지지 않았다. 살고 싶은 의욕도 점차 잃어갔다. 살아 있는 것은 마치 칼끝이 목을 겨누고 있는 것처럼 고통스럽게 여겨졌다. 고통을 끝낼 수만 있다면 나는 흔적 없이 사라지고 싶었다. 고통의 터널 한가운데를 지날 때는 아이가 보이지 않았다. 내가 사라지고 난 이후에 아이 삶이 어떻게 될지는 안중에도 없었다. 한 달이 넘도록 잠을 자지 못하고 음식을 삼키지 못하자 제대로 걸을 힘조차 없었다. 현지에 도착한 지 일 년도 채 되지 않았는데 뼈만 남은 앙상한 몸으로 한국으로 이송되었다. 선교지에서 누구보다 잘 살아낼 줄 알았던 나의 생각은 오만이었다.

이제 내 인생에 남은 일은 죽음밖에 없다고 생각했다. 그런데 신기하게도 인천공항에 도착했을 때 내 볼을 감싸는 고국의 냄새를 맡으니 살 것만 같았다. 남의 나라에 있을 때는 물 한 모금 넘기질 못했는데 한국에 오자마자 설렁탕 한 그릇을 말끔히 비워냈다. 나를 아끼고 사랑하는 사람들이 있는 고국에 왔다는 안도감 때문이었을까. 지극정성으로 나를 먹이고 살피는 사람들, 나를 애정 어린 눈빛으로 돌보는 사람들의 사랑은 죽음의 그림자를 물리치게 했다. 몸과 마음이 어느 정도 회복되었을 때 나는 비로소 아이를 찾기 시작했다. 아이는 한국에 도착한 이후로 할머니 집에 머물고 있었다. 어머님은 아이를 데려다주시며 말씀하셨다.

"글쎄, 얘가 나한테 뭐라고 했는 줄 아니? 할머니, 엄마를 이십 년을 기다렸는데도 안 와요. 얼마나 더 기다려야 엄마를 볼 수 있는 거냐구요? 이러면서 떼를 쓰더라."

엄마가 돌아가신 후에 기다리면 엄마를 다시 볼 줄 알았던 내 유년의 모습이 겹쳐지면서 작고 여린 아이를 있는 힘껏 껴안았다. 그제서야 나는 엄마 마음이 헤아려졌다. 엄마는 나를 버리고 간 것이 아니라 고통을 끝내고 싶었던 것이었음을. 벼랑 끝처럼 여겨지는 삶의 낭떠러지에 외롭게 홀로 서있다 쓸쓸히 떠나간 엄마의 아픔이 전해져 아이를 안고 한없이 울었다. 풀리지 않았던 엄마에 대한 오해가 이해로 바뀌는 순간이었다. 눈물 젖은 아이의 볼에 내 볼을 비비며 내가 받아 보고 싶었던 엄마 몫의 사랑까지 아이에게 부어 주리라 다짐하며 나직이 혼자 속삭였다.

"아이야! 내게 선물처럼 와주어서 정말 고마워. 살다가 힘든 순간이 오거든 뒤를 돌아봐. 엄마가 거기 서 있을 게. 잊지 마. 엄마가 늘 네 등 뒤에 있다는 것을."

그때부터 아이에게 버팀목이 되어주는 든든한 엄마가 되고 싶었다. 그러나 아이는 내가 얼마나 연약한 사람인지 너무 일찍 알아버렸다. 오히려 나의 눈물을 닦아주었고, 누구보다 더 깊이 나의 마음을 헤아려주었다. 아이를 양육하면서 엄마 없이 자라온 내 상처가 치유되는 은총을 경험할 수 있었다. 내가 아이를 키운 것이 아니라 도리어 아이가 나를 키워주었다고나 할까?

어느새 대학생이 되어 한국에서 공부하고 있는 아이가 이년 반 만에 잠시 내 곁으로 왔다. 오랜만에 집 밥 먹는 아들을 바라만 보아도 흐뭇하다.

이렇게 좋은 사랑이, 또 있을까.

내 앞에서는 아이여도 돼

살아내기 위해 모든 것을 어른처럼 견뎌내야만 했다.
아이로 살아본 적 없는 나에게
교수님은 이렇게 말씀해 주셨다.

"내 앞에서는 아이여도 돼."

이렇게 깊은 위로를 담은 말이 또 있을까.

'만남'이라는 선물은 지난한 내 삶을 통과해 올 수 있도록 도와 준 가장 큰 힘이었다.

결혼을 통해 내가 받은 선물 중에 하나는 아버님과의 만남이었다. 며느리 사랑은 시아버님이라고 했던가? 무뚝뚝한 친정 아빠와 달리 시아버님은 다정다감한 분이셨다. 결혼한 지 얼마 되지 않았을 때였다. 어버이날, 시부모님을 찾아뵙고 하룻밤을 머문 적이 있다. 다음날 아침, 외출 중이시던 시어머니를 대신하여 아버님께서는 "부모님께 갖다 드리라"며 친정 가는 며느리 손에 바리바리 선물을 싸서 챙겨 주셨다. 아버님은 흡사 시댁에 잘 다녀오라고 마음 써주시는 친정아빠 같았다.

아버님으로 인해 위태로운 결혼 생활을 이어갈 수 있었다. 마라톤 경기를 할 때 목적지까지 완주할 수 있도록 함께 달려주는 사람을 '페이스메이커'라고 한다. 내가 지쳐서 더이상 달려갈 힘이 없을 때 포기하지 않고 달려갈 수 있도록 아버님은 내 옆에서 함께 달려 주셨다.

아버님은 며느리인 나를 "아가야"라고 부르시지 않고 내 이름을 불러주실 만큼 나를 친근하게 대해주셨다. 몸이 아파 힘들 때에는 "경임아! 이 홍삼은 내 아들도, 손주도 주지 말고 너혼자 먹어라. 난 네가 소중하다. 너만 건강하다면 난 뭐든 줄 수 있다" 말씀해 주셨다. 유년 시절에 받아 보지 못했던 사랑의 결핍이 채워지는 순간이었다.

시아버님은 며느리인 내가 대학원 공부를 시작할 수 있도록 마음껏 격려해 주셨다. 대학원 논문을 쓸 때는 무거운 돌이 내 가슴을 짓누르는 것 같았다. 부족한 외국어 실력으로 논문을 쓰는 것이 힘들어서 매일 토할 것만 같았다. 이 힘든 과정을 마칠 수 있도록 아버님은 격려를 아끼지 않으셨고, 아버님의 응원으로 시작한 심리 상담 대학원 과정을 마침내 마칠 수 있었다. 나의 졸업식 날, 아버님은 나보다 더 기뻐하셨다. 나의 존재를 환영해주고 사랑해주는 아버님으로 인해, 버려지고 홀로 남을 수도 있다는 두려움에서 조금씩 자유해질 수 있었다.

두 번째 선물은 A목사님과의 만남이다. A목사님은 아버님이 늘 자랑스러워하시던 분이었고, 사람들에게 존경받는 분이셨다. 우연한 기회에 그를 만날 수 있었다. 뜻밖에도 A목사님은 나를 만난 이후 "공부를 더 하라"고 설득하셨다. 나는 외국어로 공부하는 것이 힘들어서 더는 공부하지 않겠다고 단호하게 말씀드렸다. 그런 나를 일 년이 넘도록 전화로 설득하셨다. 끊임없이 격려하시며 설득하시는 A목사님으로 인해 심리 상담 박사 과정을 시작할 수 있는 용기를 낼 수 있었다. A목사님은 학기를 마칠 때마다 따뜻한 격려를 아끼지 않으셨다. "내 인생에 참 좋은 일은 너를 만난 거야. 나는 네가 참 자랑스럽다." A목사님과의 만남을 통해 나를 둘러싸고 있던 심리적 장벽을 깨부수고 새로운 세계와 조우할 수 있는 힘을 공급받을 수 있었다.

또 다른 선물은 상담학 교수님과의 만남이다. 처음에는 유쾌하지 않은 만남이었다. 교수님은 강의 시작 전에 "지금 내 인상이 어떻게 보여요? 편안하게 보이는 대로 말씀하셔도 돼요"라며 청중에게 질문을 던지셨다. 선뜻 대답하는 사람이 없었다. 교수님의 얼굴은 밤 비행기를 타고 오셔서 몹시 피곤해 보였다. 갑자기 나에게 다가오시며 "맨 앞에 앉으셨으니 한번 이

야기해 줄래요?" 하셨다. 보이는 대로 편안하게 말씀드리기 거
북스러워 말을 아꼈다. 교수님은 괜찮으니 주저하지 말고 말해
보라고 재촉하셨다.

"많이 예민하고 날카로워 보이세요."

처음 만난 교수님께 이런 말을 하는 사람은 나밖에 없을 것
같아 말을 마치고 고개를 푹 숙였다. 그런데 강의가 끝난 후에
교수님은 뜻밖에도 내게 명함을 건네셨다. 한국 오면 꼭 연락하
라고 몇 번을 당부하셨다. 그렇게 우연히 교수님과의 개인적인
친분이 시작되었다.

교수님은 숙련된 전문적인 지식과 편안한 인간관계로 내 삶
에 스며들어 함께 동행해 주셨다. 복합 상실의 트라우마를 가진
나는 '내 삶을 판단하지 않을 것 같은 교수님'께는 마음의 경계
를 풀기 시작했다. 나의 이야기를 편안하게 들어주시는 교수님
으로 인해 충분히 안전함을 느꼈다. 내가 살아온 삶의 환경, 채
워져본 적 없는 아이로서의 감정적 욕구, 내면에서 일어난 혼란

을 교수님은 깊이 이해해 주셨다.

의존할 사람이 없는 환경에서 자랐기 때문에 혼자서 뭐든 해내지 않으면 살아올 수 없었다. 누군가의 어깨에 비스듬히 기대어 힘들 때 힘들다고 말하고 슬플 때 슬프다고 말하는 법을 배우지 못했다. 살아내기 위해 모든 것을 어른처럼 견뎌내야만 했다. 아이로 살아본 적 없는 나에게 교수님은 이렇게 말씀해 주셨다.

"내 앞에서는 아이여도 돼."

이렇게 깊은 위로를 담은 말이 또 있을까. 가끔씩 안부를 물어주시는 교수님께 "저 괜찮아요. 늘 씩씩하잖아요"라고 대답하면 "너 속마음은 안 괜찮으면서… 힘들면 힘들다고 말해도 괜찮아"라고 말씀해 주시곤 했다.

심리학자 칼 로저스는 "자기 마음에 진심으로 공감하는 사람을 만난 사람은 자신의 세계를 완전히 새롭게 바라볼 수 있으며, 이를 원동력 삼아 앞으로 나아갈 힘을 얻는다"고 말했다. 교수님은 공감의 언어로 내 정서 안에 따뜻한 온기를 불어넣어 주셨다.

나에게 멘토가 되어주고 스승이 되어준 선물 같은 만남들, 난 그 사랑을 먹고 자랐다. 그냥 스쳐 지나갈 수 있었던 만남이 인생의 다음 걸음을 옮길 수 있는 징검다리가 되어주었다. 그런 분들이 있었기에 과거의 상처에 머물지 않고 도약할 수 있는 힘을 공급받을 수 있었다. 그래서 나의 자아에는 지금까지 살아오는 동안 곁을 내어 주신, 수없이 많은 분들의 숨결이 함께 존재한다.

돌아보니 그분들의 사랑이, 내 마음속 시들었던 꽃을 다시 피어나게 했다.

다행이다, 언니가 있어서

지난한 삶을 살아오는 동안
서로의 아픔을 어루만져주지 못하고 살아온 시간이 아팠다.

그러나 그날 우린,
수만 리 떨어져 있지만
서로가 살아온 삶을 힘껏 껴안아 주었다.

작은 언니는 나와 한 살 터울이다.

언니는 어릴 때도 야무지게 잘 가르치는 신기한 능력이 있었다. 반면 나는 어릴 때 배우는 일이 뭐든 서툴렀다. 공기놀이를 배울 때 돌을 공중으로 던졌다가 다시 손으로 받아야 하는 타이밍을 맞추는 것이 어려워 번번이 실패했다. 젓가락질을 배우는 것은 또 얼마나 어려웠는지. 기다란 젓가락을 손가락 사이에 끼고 그것을 움직여 음식을 집어 올리는 일은 마음처럼 쉽게 되지 않았다.

언니는 내게 공기놀이를 잘할 수 있도록 가르쳐 주었고, 그 어려운 젓가락질하는 법도 쉽게 가르쳐 주었다. "국민학교 들어가기 전에 이름은 쓸 줄 알아야 한다"며 나를 앉혀 놓고 다부지게 한글을 가르치기도 했다. 할 줄 아는 거라고는 고집부리고 어리광부리는 것밖에 모르는 나를 인내심 있게 가르쳐 준 언니는 내게 좋은 선생님이었다. 그러나 언니가 아무리 잘 가르쳐 주어도 배우는 것이 서툰 나는 땡강을 부리면서 울음을 터트렸다. 엄마는 내 울음소리가 나면 "동생을 울린다"며 언니를 야단

쳤다. 나는 은근히 그 시간을 마음속으로 즐겼다. 언니에게 미
안했지만 막내여서 누릴 수 있는 특권이라 생각했는지도 모른다.

엄마가 돌아가신 후, 나는 더이상 막내 놀이를 할 수 없었다.

가족의 중심이었던 엄마가 떠난 후에 가족의 끈끈함은 사
라져버렸다. 국민학교에 입학할 때 나의 필요를 채워줄 수 있는
마음의 여유가 있는 사람은 아무도 없었다. 모두가 처절하게 살
아내기에 바빴다. 언니 역시 나를 돌보기에는 너무 어린 나이였
다. 그런데 내 눈에는 언니가 나의 필요를 일부러 외면하는 것
같아 화가 났다. 그때부터 언니와 마주치기만 하면 심통을 부리
고 으르렁거리며 싸우기 시작했다.

초등학교 2학년 때 아빠가 처음으로 집에 여자를 데리고 왔
다. 아주머니가 데리고 온 자녀들과 우리 형제들이 함께 부대끼
며 살아가다 보니 모든 것이 변해버렸다. 아빠가 데리고 온 첫
번째 여자와 함께 사는 동안 늘 배가 고팠다. 밥공기에 밥을 반
만 담아 주셨는데 퍼주는 밥 외에는 더이상 먹지 못하게 했다.

배가 아무리 고파도 끼니 외에는 먹을 것이 없으니 한 번쯤은 배 터지게 먹어 보고 싶었다.

어느 날, 학교에서 집으로 돌아왔는데 집에 아무도 없었다. 사람으로 늘 북적거리는 집이 그날따라 이상하리만치 조용했다. 방문을 열고 들어섰는데 방바닥에 오천 원이 떨어져 있는 게 아닌가. 그 시절, 오천 원은 큰돈이었다. 돈을 보는 순간 라면 생각이 났다. 오천 원이면 라면을 박스로 사다 놓고 실컷 먹을 수 있었다. 다시 한번 주변에 사람이 있는지 살펴보았다. 아무도 없는 것을 확인한 후, 돈을 호주머니에 집어넣고 유유히 집을 빠져나왔다. 안성탕면 한 박스를 사서 집으로 돌아오는 동안, 배고플 때 라면을 배 터지게 먹는 상상만으로도 입안에 군침이 돌았다. 라면을 비밀 장소에 안전하게 숨겨둔 후에 완전범죄에 성공했다는 생각에 회심의 미소를 지었다. 평소와 별반 다를 것 없는 저녁시간을 보내고 있을 때 순식간에 평온이 깨져버렸다. 아빠와 살고 있는 여인은 작은 언니 이름을 날카롭게 불렀다.

"경순이 너 이년, 네가 돈을 훔쳐갔지!"

우리 중에 누가 돈을 훔쳤는지 묻지도 따지지도 않고 언니를 도둑이라 확신했다. 그녀는 언니에게 입에 담을 수 없는 욕설을 퍼붓고 다짜고짜 심한 매질을 했다. 그때서야 내가 무슨 짓을 저질렀는지 상황 파악이 되었다. 서슬퍼렇게 날 선 그녀에게 "돈을 훔친 사람은 언니가 아니에요"라고 말할 용기가 나지 않았다. 돈을 훔치지 않은 언니는 그 모진 매를 다 맞았다. 언니는 밤새 신음하다 잠이 들었다.

나는 언니 옆에 누워 흐느끼다 잠이 들었다.

언니에게 미안한 마음이 많았지만, 결국 사실을 털어놓지 못했다. 시간이 지나면서 그때 일은 빠르게 잊혀 갔다. 언니는 국민학교를 졸업하고 혼자 힘으로 검정고시를 통해 중학교 과정을 마쳤다. 공부를 계속해온 언니는 대학에서 국문학을 전공했다. 언니는 나보다 훨씬 글을 잘 쓸 뿐만 아니라 내레이션을 할 때는 성우 뺨치도록 목소리가 좋았다. 언니는 어려운 환경 속에서 야무지고 당차게 자기 삶을 살아냈다. 그런 언니와 만날 때마다 아옹다옹 싸우기에 바빴다.

엄마가 떠난 뒤 언니는 더이상 나를 챙기지 못했는데 나는 그게 그리 서운했는지 언니에게 늘 심통만 부렸다. 언니의 장점은 보이지도 않았고, 나는 안중에도 없이 자기 삶을 살아가는 언니가 꼴 보기 싫었다. 나는 마치 세상에서 가장 나쁜 언니를 만난 것처럼 언니를 헐뜯었는데, 어린 내 진짜 속마음은 '엄마가 살아 계실 때처럼 나에게 다정한 언니로 다시 돌아와 주면 얼마나 좋을까?' 그런 마음이 아니었을까? 그러나 언니에게 내 진심은 말하지 못했고 그렇게 세월은 속절없이 흘러가버렸다.

코로나 바이러스가 한창일 때 내가 살고 있는 필리핀은 외출이 자유롭지 않았다. 한번 밖으로 나갈 기회가 생기면 비상식량을 확보해 두어야 했다. 남편과 함께 어렵게 한인마트에 갔을 때 "라면을 한 박스 사다 두면 어떻겠냐"고 제안했다. 평소에는 보이지 않았던 안성탕면이 그날따라 눈에 띄었다. 안성탕면 한 박스를 차에 싣고 집으로 오는 동안 까맣게 잊고 있었던 옛날 일이 떠올랐다. 나는 참 나쁜 동생 아니었던가! 언니가 얼마나 서럽고 아팠을까 생각하며 한참을 망설이다 언니에게 전화를 했다.

"언니, 그때 돈 내가 훔쳤어. 너무 미안해서 미안하다 말도 못하고 살아왔어. 정말 미안해…"

"그거 벌써 네가 몇 번이나 말했어. 어린 너는 나보다 배가 더 고파서 그랬을 거야, 언니가 너무 미안하지. 너 국민학교 입학할 때 네가 도시락도 없이 학교에 다녔다는 걸 나중에야 알게 됐어. 너 점심시간에 굶는 줄도 모르고 나만 밥을 먹었더라구. 언니니까 대신 맞아 줄 수도 있는 거지. 괜찮아, 언니잖아.

경임아! 힘들면 언니한테 와서 좀 쉬다가 가,

언니가 밥 해줄게."

아옹다옹 다투며 살아오는 동안에도 언니마저 떠나버릴까 싶어 두려웠다. 지난한 삶을 살아오는 동안 서로의 아픔을 어루만져주지 못하고 살아온 시간이 아팠다. 그러나 그날 우린, 수만 리 떨어져 있지만 서로가 살아온 삶을 힘껏 껴안아 주었다.

언니에게 고맙다.

그 고단한 삶을 포기하지 않았으니 말이다.

수치 VS 아픔

우리는 더 이상 애도할 권리를 박탈하지 말고,

그 권리를 돌려주어야 한다.

기독교에서는 자살 자체가 큰 죄로 간주되곤 한다.

또한 윤리적으로 용납될 수 없는 행위로 여겨지는 경우도 있다. 우울증으로 인한 자살, 즉 질병에 의한 증상으로서 한 사람이 생을 마감했을지라도 기독교의 오래된 시각은 자살의 원인이 어떠하든 자살을 죄악으로 보는 경향이 있다. 그로 인하여, 자살에 대해 부정적이고 적대적인 반응을 보이는 기독교 안에서 성장해 오는 동안 내 슬픔은 억눌리고 억압되었다. 심리적인 도움보다 상처에 더 자주 노출되는 장소가 교회였다니, 참 슬픈 일이다. (여기서 '기독교'를 '교회'로 바꿔 사용해도 전혀 무리가 없을 것이다.)

하나님을 사랑한 엄마, 엄마의 기도 소리를 듣고 자라온 내게 "자살한 사람은 지옥 간다"는 말은 어린 마음을 찢어 놓았다. 목까지 차오른 울음을 기어코 삼키게 만들었다. 토해내지 못한 슬픔은 내 안에서 슬픔의 강이 되어 출렁였고 위로받지 못한 슬픔은 탈출구를 찾지 못한 죄수처럼 내 안에 갇혀버렸다.

자살에 대한 사람들의 편견과 낙인으로 인해 가족을 자살로 잃은 것이 수치스러웠다. 사랑하는 엄마의 죽음이 수치로 변한다는 건 괴로움 그 자체였다. 마음의 길을 잃고 방황하는 순간에도 전문가의 도움을 받는 것조차 망설이며 살아왔다. 정신과를 다녀오면 나에게 또 다른 낙인이 더해질 것 같아 두려웠기 때문이다. 나의 이런 아픔을 아무도 모르게 비밀 일기장에 꼭꼭 묻어두기만 했다. 칠흑 같은 고통의 순간들을 그저 견디고 버텨내기만 했다.

내 이야기를 처음 꺼냈던 순간은 그리 오래되지 않았다. 학교에서 '상실' 수업을 공부할 때였다. 내 아픔과 맞닿은 수업을 들으며 슬픔을 꺼내고 싶은 용기가 생겼다. 오랫동안 망설이다 교수님과 면담을 요청했다. 쉽지 않은 결정이었다. 면담을 요청했을 때 교수님은 흔쾌히 나를 만나 주셨다. 교수님은 나의 이야기를 듣는 동안 눈물을 흘리셨다. 조용히 눈물을 닦으시며 소중한 메시지를 건네셨다.

"자살로 가족을 잃은 것은 수치가 아니라 함께 울어야 하는 아픔이야. 네가 엄마를 닮았다면 너의 엄마는 참으로 아름다운 분이셨을 거야."

자살로 가족을 잃은 사람들의 슬픔은 사회적으로 받아들여지거나 인정되지 않는 박탈당한 슬픔(Disenfranchised Grief)에 속한다. 자살한 사람의 죽음은 사회 안에서 보편적인 방식으로 소화되지 못하기 때문이다. 슬퍼할 권리를 박탈당한다는 것은 공개적으로 애도할 수 없다는 것을 의미한다. 상실이 인정되거나 사회적으로 지지를 받을 수 없었기 때문에, 난 자살로 인한 아픔을 '함께 울어야 하는 아픔'으로 인식하지 못하고 살아왔다. 교수님이 "자살로 가족을 잃은 것은 수치가 아니라 함께 울어야 할 아픔"이라고 말씀해 주셨을 때 빼앗긴 애도의 시간이 위로받는 기분이었다. 누군가의 깊은 이해와 공감 속에 함께 울 수 있었던 시간은 슬픔이 위로받는 시간, 외로움이 사랑의 옷을 입는 순간이었다.

"네가 엄마를 닮았다면 너의 엄마는 참으로 아름다운 분이셨을 거야"라는 교수님의 말씀을 통해 엄마처럼 죽게 될까 봐 두려웠던 마음으로부터 자유로워질 수 있었다. 비로소 엄마를 마음껏 그리워할 수 있게 되었다. 교수님이 선물한 마법의 언어는 엄마가 얼마나 아름다운 분이었는지 기억나게 해 주었다. 조금 더 일찍 내 삶의 아픔을 꺼내놓을 수 있었다면 얼마나 좋았을까? 만약 그랬다면 혼자 아파하는 시간이 짧았을지도 모를 일이다. 수치를 강요당하는 사회 속에서 혼자 웅크리고 살아온 시간들 동안 내게 필요한 건 어쩌면 말할 수 있는 용기였을지도 모른다.

나는, 자살 유가족에 대한 사회적 인식이 변화되기를 갈망한다. "자살로 가족을 잃은 것은 수치가 아니라 함께 울어야 하는 아픔이다"라는 슬로건이 보편적 이해로 인식될 수 있기를 갈망한다. 수치에 내몰려 고립된 채로 외롭게 살아가는 자살 유가족들이 세상 밖으로 나올 수 있기를 열망한다. 나와 같은 사람들이 마음껏 울며 상실을 위로받을 수 있는 세상. 난 그런 세상을 꿈꾼다.

사랑하는 사람을 떠나보낸 가족이 추모와 애도보다 자책에 시달려야 한다면, 그 인생은 얼마나 고통스러운 인생인가. 상실, 그 자체만으로도 감당할 수 없는 아픔인데 애도할 수 있는 권리마저 빼앗겨버린 슬픔은 얼마나 깊을 것인가?

우리는 더이상 애도할 권리를 박탈하지 말고,
그 권리를 돌려주어야 한다.

자살 생존자로 산다는 것은

낙인과 정죄의 시선이 아니라
'환대'의 마음으로

자살 생존자들의 삶을 따뜻하게 안아 주는,
그런 사람들이 많아진다면 참 좋겠다.

자살 생존자.

자살 생존자(Suicide Survivor)는 자살을 하려다 실패하고 살아남은 사람을 가리키는 말이 아니다. 그것은 가족이나 친구를 자살로 잃은 후에 남겨진 사람들을 일컫는 말이다. 우리는 일반적으로 재난이나 참혹한 참사의 현장에서 살아남은 사람들을 두고 '생존자'라 부른다. 자살로 친구나 가족을 잃은 자살 유가족들을 전문가들이 자살 생존자라고 부르는 이유는, 자살 유가족들의 심리적인 고통이 재난에서 살아남은 사람들과 비슷하기 때문이다.

우리나라에서는 매년 8만 명 이상, 과거 10년간 최소 80만 명의 자살 생존자들이 발생한 것으로 추정되고 있다. 한 사람이 자신의 삶을 끝냈을 때 그 사람은 자신의 고통에 종지부를 찍는다. 그러나 바로 그 순간에 남겨진 사람들의 고통이 시작된다. 죽은 사람은 말이 없지만 남겨진 사람들은 그들의 전생애에 걸쳐 사회적인 낙인과 편견으로 극심한 고통을 경험하는 경우가 많다.

스스로 목숨을 끊은 사람에게는 무엇인가 결함이 있다고 생각해서 가까운 사람에게 죽음의 일정 부분 책임이 있다고 생각하는 경향이 있다. 이런 타인의 비난은 남겨진 사람들에게 죽음을 막지 못한 죄책감을 더 크게 만든다. 위로가 절실히 필요한 순간에 정죄와 비난의 화살이 쏟아지니 자살로 세상을 떠난 가족의 죽음을 은폐하고 싶어 한다. 나도 할 수만 있다면 엄마와 오빠의 죽음에 대해 말하고 싶지 않았고 숨기고 싶었다. 어떻게 돌아가셨냐는 질문 앞에 대답 대신 씁쓸한 미소를 지어 보일 때가 더 많았다.

도카(Doka)는 "권리를 박탈당한 슬픔(Disenfranchised Greif)은 공개적으로 인정되거나 사회적으로 받아들여지지 않는 상실"이라고 말한다. 슬퍼할 권리를 박탈당한다는 것은 살아있는 사람이 특정한 사람의 죽음을 보편적으로 지각하거나 그 죽음을 보편적으로 대하지 못한다는 것을 말한다. 사회적으로 무시되고 거부되며 지지받지 못하는 것을 의미한다. 거부당하는 슬픔의 감정을 표현하기 어려운 자살 생존자들의 숨겨진 고통은 오롯이 그들이 감당해야 할 몫으로 남는다. 그들의 슬픔이 타인과 연결되지 못한 상태로 외딴섬에 갇혀 고립된 삶을 살아내는 경우가 많다.

　대한민국 정부는 지난 2014년 보건복지부 산하 '중앙심리부검센터'에서 자살 유가족 심리부검을 시작했다. 자살 유가족을 모집하는 것이 쉽지 않아 지원하는 사람에게 참가비를 지불하며 정부차원에서 처음으로 자살 유가족에게 손을 내밀기 시작한 것이다. 2014년 심리부검 자살 유가족 면담 대상자는 사별 후 3개월에서 3년 이내로 제한했다.

　2018년에는 자살 유가족 심리부검센터를 광역 단위 중심으로 확대하기 시작했고, 2021년에는 자살 유가족을 위한 온라인 애도 지원 서비스를 제공했다. 최근 정부에서는 자살로 세상을 떠난 배우자, 고인과 2촌 이내의 혈족에게 정부 지원금 백만원, 정신과 치료비, 외래 치료비, 그리고 심리 검사비를 지원하고 있다. (유족 애도 상담과 자조모임에 참여할 수 있도록 정부에서 지원하는 대상자는 자살로 사별을 경험한 후 1년 이내의 유족들로 제한되어 있다.)

이와 같이 정부 차원에서 자살 유가족을 향한 도움이 시작된 지는 불과 십 년이 채 되지 않는다. 다르게 표현하자면, 2014년 이전에 가족을 자살로 잃은 사람들은 도움의 손길을 받을 기회가 없었다고 봐도 과언이 아니다. 자살 생존자들이 고립되어 살아온 세월이 길어질수록 그들의 삶에 실리는 외로움과 슬픔의 무게는 그만큼 더 커진다.

자살은 침묵의 트라우마가 되어 자살 생존자들을 덮곤 한다. 자살 생존자들은 상실에 대해 애도할 수 있는 권리마저 빼앗겨버리는 경우가 대부분이기 때문이다. 위로받지 못한 슬픔을 혼자 껴안고 동굴 속에 웅크리고 있는 자살 생존자들은 고인의 기일을 쓸쓸히 애도한다. 우리 가족은 단 한 번도 가족이 모여서 엄마와 오빠의 기일을 기억하고 추모한 적이 없다. 나는 엄마가 언제 돌아가셨는지 정확한 날짜도 기억하지 못한다. 하지만 아빠는 엄마가 떠나신 지 40년이 넘었는데도 해마다 엄마의 기일이 다가오면 이유 없이 아파하신다. 아빠의 음력 사월은 일 년 중 가장 시리고 아픈 달이다.

나의 경우는 오빠의 유서를 읽고도 죽을 리가 없다고 생각하며 가족에게 말하지 않은 스스로를 비난했다. 심각한 우울증을 앓고 있는 오빠를 잘 돕지 못한 것을 자책했다. 체력이 왕성하고 신체 능력이 좋았던 오빠는 여자친구와 헤어진 이후 일 년이 넘는 시간 동안 외출한 적이 없었다. 삶의 흥미를 잃었고, 모든 사회 활동을 중단했고, 체중이 감소했고 식욕을 잃었다. 우울증 즉 질병으로 오빠를 잃고 난 후에야, 자살 충동에 시달리며 힘들어했을 오빠의 고통을 제대로 헤아리지 못하고 돕지 못했다는 사실에 더 마음 아팠다.

가족을 잃은 후에 가족 구성원들이 서로를 원망하고 비난할 때, 고통은 가중된다. 엄마와 오빠를 잃었을 때 난 아빠를 원망했다. 어쩌면 사는 내내 아빠를 원망해 왔는지도 모른다. 엄마에게 든든한 울타리가 되어주지 못한 아빠를 원망했고, 오빠가 도움이 필요할 때마다 마치 투명인간처럼 있었던 아빠를 비난하는 마음이 많았다. 엄마가 떠난 후에 자녀의 정서적 돌봄에 무지하고, 필요를 채워주지 않는 아빠가 원망스러웠다. 아내를 먼저 떠나보내고 어린 자식들을 책임져야 했을 아빠의 고뇌, 자식들의 비난과 주변 사람들의 손가락질을 받으며 살아왔을 아빠의 마음은 보이지 않았다. 아내와 아들을 가슴에 묻고 살아 있는 것 자체를 죄스럽게 생각하며 죄인처럼 살아온 아빠의 마음은 헤아려지지 않았다. 내 슬픔의 무게에 짓눌려 아빠의 마음은 어땠을지, 오빠를 위해 최선을 다했던 언니의 상실이 얼마나 컸을지 들여다볼 마음의 여유가 없었다. 엄마의 죽음과 함께 가족도 뿔뿔이 흩어져 버린 것 같았다.

자살한 사람이 모두 우울증 같은 정신 질환을 앓았다고 보긴 어렵지만, 정신 질환을 앓았을 확률이 상대적으로 매우 높다. 정신질환을 비롯해서 다양한 자살의 원인이 있는데, 일부 사람들은 차가운 종교적 잣대를 들이밀며 자살을 두고 '벌 받을 무서운 죄'로 간주한다. 이러한 관점은 고인을 몹쓸 죄인으로 몰아세우며 자살 생존자의 고통을 더욱 가중시키게 된다.

가족을 잃었지만 위로받지 못한 채 사회적 낙인과 부정적 편견으로 인해 더 깊은 아픔에 내몰려 살아가고 있는 자살 유가족의 슬픈 현실이 여전히 만연해 있다. 이러한 사회적 현상은 자살 유가족의 우울증을 더 높일뿐만 아니라 일반인에 비해 자살할 가능성을 더 높이는 위험 요인으로 작용하기도 한다. 관련 자료에 따르면 자살 생존자들의 우울증 위험성은 일반적인 경우에 비해 18배나 높고, 자살할 가능성은 두 배 더 높다고 한다. 오빠를 잃고 난 후에 자살 유가족을 향한 인식 개선과 유족 돌봄이 얼마나 중요한지 뼈저리게 실감했다. 자살 유가족을 지원하고 돌보는 일이 곧 자살 예방으로 연결되는 것은 자살 생존자들이 자살 고위험군으로 분류되기 때문이다.

자기 자신과 가족, 그리고 사회로부터 위로 대신 정죄와 비난을 받는 자살 생존자들은 위로의 사각지대에 살고 있는 사람들이다. 고립과 고독을 친구 삼아 살아가고 있는 자살 생존자들이 세상 밖으로 나올 수 있도록 그들의 아픔을 공감해 주고 함께 울어 줄 수 있는 사람들이 많아지는 사회가 되었으면 좋겠다.

낙인과 정죄의 시선이 아니라
'환대'의 마음으로

자살 생존자들의 삶을 따뜻하게 안아 주는,

그런 사람들 말이다.

금지된 슬픔 너머로 / 박경임

솟구치는 눈물에도
슬퍼하지 마라
가눌 수 없는 애달픔에도
아파하지 마라

빼앗겨 버린 애도의 시간조차
잊으라, 다 잊고 살아라 한다
세월에 찢기워 조각난 마음
얼마나 더 부서져야
고통에서 달아날 수 있을까

비틀거리던 그림자마저
쫓아온 정죄의 화살을 피해
등딱지 속으로 숨어버렸다

치열한 싸움에 온 몸의 힘을 빼니
고난이 물처럼 나를 통과하여
짓밟힌 꽃에 단비로 내리고

가면 아래 헐어버린 속살에
빛이 임하니 약함은 강함이,
서럽던 애가는 희망의 변주가 된다

자살 유가족과
자살 유가족이 만나다(2)

소재웅_ 저는 어머니를 자살로 떠나보낸 지 2년 반 정도의 시간이 흘렀습니다. 여전히, 참 아프고 슬프곤 해요. 때로는 상실의 슬픔이 제 육신을 꽉 채우고 있다는 느낌을 받기도 합니다. 선교사님의 경우 40년여 년 시간을 유가족으로서 통과해야 했잖아요. 그렇다면, 세월의 두께와 아픔의 두께 간의 관계가 어떠한지 여쭤보고 싶어요.

세월이 수십 년 흐르면 아픔도 많이 옅어지는 걸까요?

박경임_ 기독교 철학자 니콜라스 월터스토프가 아들을 상실한 후 쓴 <나는 사랑하는 사람을 잃었습니다>에 등장하는 한 대목을 인용해보고 싶어요.

"이 글을 쓸 당시의 생생한 슬픔이 여전히 남아 있느냐는 질문을 지금도 자주 받는다. 그렇지는 않다. 상처는 당시처럼 생생하지는 않지만 사라지지도 않았다. 당연하지 않은가? 에릭이 사랑받을 가치가 있었다면 우리가 그를 잃은 것에 대해 슬퍼하는 것도 당연한 일이다. 슬픔이란 사랑하는 사람의 가치에 대한 실제적인 증언이며, 그 가치는 지속되는 것이다. 그러므로 나는 슬픔을 간직하고 있다. 과거로 흘려보내거나 극복하거나 잊으려고 애쓰지 않는다. 그 슬픔이 내 것이 아니라고 부인하려 애쓰지도 않는다."

저도 그래요. 기억이 지워지지는 않았죠. 하지만 지금은 그 세월을 살아내면서 아픔의 붉은 농도가 조금은 옅어졌어요. 세월을 통과하며 붉은 핏빛의 농도가 조금은 투명해지고, 그 붉은 피 때문에 보이지 않던 것들이 맑아졌죠. 그 현장과 그 후에 펼쳐진 삶이 '박경임이라는 렌즈'를 통과해서 볼 수 있을 만큼은, 투명해진 거 같아요.

전에는 기억이 너무 아파서 들춰보지 못했지만, 지금은 그 기억을 통과하며 조금은 투명해졌기 때문에 과거로부터 현재의 나를 볼 수 있다고나 할까요…

소재웅_ 조금은 투명해지기까지, 박경임님이 통과해야 했던 세월의 무게감을 감히 가늠조차 할 수 없습니다. 이어서 여쭤보고 싶습니다.

사실 애도라는 건 지름길이 없잖아요. 그럼에도 불구하고, 자살 유가족을 위해 애도의 길을 제시해 주신다면 어떤 말씀을 건네고 싶으시나요?

박경임_ 사실 자살이 아닌 경우로 인해 상실을 겪어도 애도로 나아가는 것은 쉽지 않은 것 같아요. 애도는 노동 그 자체니까요. 그러나 자살 유가족의 경우 '자살'이라는 테마에 대한 사회적인 압박감으로 인해 애도로 나아가기가 더 어렵다고 봐요. 저 역시 면전에서 "너는 저주 받은 집 딸이야"라는 말을 듣는 등 말로 표현할 수 없는 폭력적인 언어를 경험하기도 했죠.

자살로 인한 상실을 겪었을 때 밀려오는 대표적인 마음은 죄책감과 분노 같아요. 그래서 애도로 나아가기가 더 어렵죠. 강한 죄책감이 밀려올 뿐 아니라 '나의 가족은 왜 나를 버리고 갔는가?'에서 밀려오는 분노가 있으니까요.

먼저, 자살을 사회적인 수치로 여기며 말하지 못하게 하는 사회적 인식 개선이 너무나 절실해요. 자살한 사람을 비윤리적으로 보고 남겨진 가족 역시 죄인이라는 프레임을 씌워버리는 경우가 여전히 만연하죠. 거기서부터 비롯된 분노가 저로 하여금 글을 쓰게 했어요. 슬픔으로 갈 수 있는 도로 자체가 차단된 것만 같은 강요된 분위기가 있죠. 자살 유가족을 향한 인식 개선이, 너무나 필요해요. 그 문이 열려야 애도로 나아갈 수 있는 문이 열리거든요.

두 번째로는, 떠나간 고인을 용서하는 일이 중요하다고 봐요. 떠나간 고인에 대한 분노가 굉장히 클 수 있거든요. 떠나간 고인을 용서하는 마음이 애도로 나갈 수 있는 중요한 징검다리가 될 거예요. 그리고 만약, 떠나간 사람에게 내가 무언가 험한 말을 했는데 그가 자살을 했다면, 그의 죽음이 오롯이 나의 잘못으로 여겨지겠죠. 그러나 자기 자책, 나를 향한 비난에 대한 용서가 필요해요. 다르게 말하자면 떠나간 고인과의 화해, 그리고 나와의 화해겠죠.

여기에 더해 세상과의 화해가 필요해요. 유가족의 고립은 사회적 압박으로부터 비롯되기도 하잖아요. 그렇다면 나라는 존재가 불쾌감을 주는 존재인가? 혐오받아야 하는 존재인가? 그렇게 여겨져서는 안 되는 존재잖아요. 결국 강요된 고립으로부터 나와 '세상과 연결'될 때, 애도로 나아갈 수 있어요. 하지만 이것은 앞에서 말한 것처럼 사회적 분위기의 개선이 병행되어야겠죠.

세 번째로, 가족과의 연결이 중요해요. 저의 경우 가족과의 연결이 전혀 되지 않았거든요. 엄마라는 중심점이 사라지고 나서 아버지가 역할을 충분히 못 하셨죠. 형제끼리 뭉치지도 못했고, 서로의 아픔에 대해 말해본 적도 없이 살았어요. 애도로 나아갈 때 요점은 가족과의 연결과 연대라고 보거든요. 떠나간 고인에 대해 이야기하기 시작하는 것. 죽음에 대한 기억이 아니라 추억을 같이 나누고, 어떤 인생을 살았는지 나누는 것. 그걸 말해요.

사회 전체적으로 자살자에 대해서는 '죽음의 모습'이 지나치게 강조되곤 하죠. 그래서 가족들도 그 죽음 안에 머무르곤 해요. 죽음 안에 머무르는 것이 아니라 고인의 삶에 대한 추억을 떠올려보면 어떨까요? 고인은 떠났지만, 고인이 살아 생전 얼마나 나를 사랑했는지, 얼마나 아름다운 사람이었는지, 고인의 전반적인 삶을 돌아보는 거예요. 이걸 두고 '고인의 신발을 신고 함께 걸어보기'라고 표현하기도 해요. 애도의 과정에 정말 필요해요.

고인은 단순히 자살로 생을 마감한 사람이 아니라, 여전히 아름다운, 나를 사랑한 사람이니까요… 여전히 그와 맺은 추억은 반짝반짝 빛나잖아요.

소재웅_ 어려운 이야기들을 나눠주셔서 감사합니다. 마지막으로 드리고 싶은 질문이 있어요. 시간을 돌려 박경임 님께서 만 5살에 어머니를 떠나보내셨을 당시, 어떤 도움을 받았다면 좋았을까요?

박경임_ 우선 저의 언니와 오빠는 엄마의 죽음에 대해 어떠한 정보를 받았는지 모르겠어요. 얘기를 나눈 적도 없었으니까요. 저는 당시 엄마의 장례에 참여하지 못했죠. 장례에 참석하지 못한 저는 엄마가 다시 돌아올 거라 믿고 하염없이 기다렸지요. 저의 할머니는 "엄마를 바다에 빠뜨렸다"고 하셨죠. 여전히 가족이 자살로 떠났다는 걸 알지 못하고 '사고사'라고 알고 있는 자살 유가족들이 있어요. 장일호의 에세이 <슬픔의 방문>을 보면 저자 역시 성인이 될 때까지 가족의 자살에 대해서 몰랐다고 하더군요.

자살로 돌아가셨더라도, "자살로 돌아가셨다"고 얘기해주고, 장례에 참여할 수 있게 해주고, 그렇지만 여전히 너의 어머니는 소중한 사람이고 아름다운 사람이었다, 라고 말해주는 게 평생을 살아갈 수 있는 힘이 될 거라고 봐요. 그렇다면 저처럼 마냥 엄마를 기다리지 않을 수 있겠죠. 돌아보니 저는 장례를 참석하지 않았기 때문에 계속해서 기다린 거였거든요. 엄마가 다시 돌아와서 나를 사랑해주지 않을까? 그런 마음으로요.

소재웅_ 아, 어린 소녀 박경임의 마음이 참 슬프고, 슬프네요.

박경임_ 예, 그리고 어른이 되어 오빠를 잃으면서 또 다른 것을 배웠던 것 같아요. 사람들은 자살 유가족을 두고 '하지 말아야 할 말'을 너무 많이 한다는 거예요. 자살 유가족자에게 무엇이 도움이 되느냐보다는 무엇이 도움이 되지 않는지를 염두에 두어야 한다고 봐요. 이 부분에 대해서는 두 가지 정도로 정리해보고 싶네요.

첫째, 자살 유가족을 1도 배려하지 않고 말하는 사람들의 언어는 정말, 정말 지양되어야 해요. 하지 말아야 할 말들이 종종 자살 유가족들에게 쏟아지거든요. 자살 유가족 앞에서 고인을 폄하하는 말을 하거나, 고인의 죽음을 가족의 탓으로 돌리는 일은 자살 유가족에게 죄책감의 무게를 더하는 말이에요. 내가 자살 유가족을 향해 던지는 말들이 언어적인 폭력은 아닌지, 그걸 인지했으면 좋겠어요.

둘째, 자살 유가족이 가족의 죽음에 대해서 말할 때는 잘 들어주었으면 해요. 보통 질병으로 가족을 잃었을 때, 유가족은 계속해서 떠나간 가족에 대해서 말하죠. 그리우니까요. 그러나 자살 유가족의 상실에 대해서는 "말하지 말라"고 해요. 그렇게 직접적으로 말하진 않아도, 적어도 그러한 사회적 분위기가 있죠. 다르게 표현하자면, 한 존재의 죽음이 그저 '죽음으로 종결'되어 버리는 거예요. 기억하고, 더듬어보고 돌아가 볼 수 있는 통로 자체가 없는 거죠.

충분히 말하는 것. 단 한 사람이라도 "너 정말 충분히 말해도 돼"라며 공간을 열어주는 것. 그게 중요해요. 충분히 슬퍼할 수 있도록 시간과 자리를 마련해주고 들어 주는 것. 그렇게 충분히 들어줄 수 있는 한 사람의 존재가 중요하다고 봐요.

"니가 그만 말하고 싶을 때까지 충분히 말해." 이렇게 말해줄 수 있는, 그러한 존재 말이죠.

세
번
째
이
야
기

슬픔의 여행은
계속됩니다

아버지의 안부

"아버지, 우리를 버리지 않고
그 모진 삶을 견디고
살아내 주셔서 정말 고맙습니다.

살아오시느라 정말 많이 애쓰셨습니다."

우리 가족은 강원도 인제의 깊은 산골에 살았다.

강원도 겨울바람은 매섭도록 시리다. 유년의 겨울을 떠올리면 하염없이 내리던 눈과 외나무다리가 떠오른다. 초등학교를 가기 위해서는 반드시 건너야 하는 통나무 다리가 있었다. 눈으로 덮인 통나무 다리를 건너는 것은 어린 내게 상당히 난이도가 높았다. 미끄러운 다리를 조심조심 중간까지 건너다가 그만 발이 미끄러져 다리 밑으로 떨어진 적도 있다. 아픈 것보다, 내동댕이쳐지고 버려진 내 인생이 서러워서 더 악을 쓰고 울었던 기억이 난다.

언니와 오빠가 집을 떠나고 중학교 시절 아버지와 단 둘이 살던 시절이 있었다. 아버지는 딸을 위해 밥 한번 해주지 않으셨다. 그저 술독을 안고 살아가는 아버지가 내 눈에 한심해 보였다. 학교에서 집에 돌아왔을 때 집에 불이 꺼져 있으면 가슴이 철렁했다. 차가운 길바닥에 쓰러져 있는 아버지를 찾아 헤매던 날은 한없이 원망스러웠다. 아버지가 술에 깨면 거침없이 심장을 후벼 파는 말을 했다.

"아빠가 이런 식이니까 엄마가 죽은 거잖아!"

그때 나는 아버지에게 참으로 모진 딸이었다. 아버지를 떠올리면 온갖 부정적인 형용사가 머릿속을 가득 채우곤 했다. 자식이 밥은 먹었는지, 아픈 곳은 없는지 아랑곳하지 않는 아버지를 보고 있노라면 내 신세가 고아와 다를 바 없이 여겨졌다. 성장하면서 아버지는 내게 해 준 것이 아무것도 없는, 있으나 마나 한 그런 존재로 여겨졌다.

그런 아버지가 어느 날 꿈속에 나타났다. 초등학교 저학년 때, 손이 야물지 못했던 나는 혼자 단추 채우는 일이 버거웠다. 한파가 몰아치는 한겨울에도 외투를 열어젖히고 학교에 가곤 했었다. 꿈속에서 아버지는 허둥지둥 뛰어가는 나를 불러 세우셨다.

"단추를 채우지 않으면 몸에 찬바람이 들어."

아버지는 두툼한 겨울 잠바 단추를 꼼꼼히 채워 주셨다. 꿈

속에서 만난 아버지는 다정한 사람이었다. 잠에서 깨어 멍하니 앉았다가 까마득하게 잊고 있었던 일이 기억났다. 아버지는 실제로 그날 나를 불러 세워 옷깃을 여미어 주시고 단추를 채워주셨다. 평생 아버지를 원망하고 살아오는 바람에 '소소하게 나를 챙겨주던 다정한 아버지'는 어두컴컴한 지하구석 모퉁이에 처박아 두었던 모양이다.

한밤중에 자다가 일어나 처음으로 아버지의 마음을 더듬어 보았다. 엄마가 떠난 이유를 나 역시 아빠로부터 찾으려 했다. 아빠가 좀더 능력 있는 남자였다면 엄마가 고생을 덜 하지는 않았을까, 고부간의 갈등으로 힘겨운 시절을 보낼 때 "나만 믿으라"며 엄마에게 좀더 든든한 울타리가 되어 주었다면 엄마가 지금까지 우리 곁에 남아 있지는 않았을까.

오죽하면, 오죽했으면 엄마가 떠났을까 아빠를 비난하고 원망만 했지, 아내를 잃은 남편으로서의 아버지 마음을 헤아려 보지 못했다. 아내를 죽인 남편이라는 오명을 쓰고 지금의 나보다 어린 나이에 아이 넷을 키워야 했던 아버지의 마음을 헤아려 보지 못했다. 살아있는 것이 죄스러웠을 아버지의 마음을, 그 마음을 말이다.

하나밖에 없는 아들마저 가슴에 묻어야만 했던 아버지의 기막힌 슬픔을 외면하고 살아왔다. 아빠는 엄마가 떠나신 지 40년이 넘었는데도 매년 음력 사월이 되면 시름시름 앓으신다. 가족의 자살을 막지 못한 자신을 향한 자책과, 가족들에게 더 잘해주지 못한 미안함으로⋯

아내와 아들을 가슴에 묻은 채 세상과 자식들의 비난을 한 몸에 다 받아내며 그 삶을 버티고 견디며 살아오신 아버지. 그 마음이 헤아려지자 "아무것도 해준 것 없는 무능력한 아빠"라고만 생각했던 내가 부끄러워졌다. 모진 삶의 무게를 버티고 살아 주신 것만으로도, 아버지는 아버지의 몫을 다한 것은 아닐런지!

아버지는 이제 팔십이 훌쩍 넘으셨다. 나이 드실수록 자식이 그리운 모양이다. 가끔 전화를 드리면 "전화 줘서 고마워. 밥은 먹었어? 아픈 데는 없어?" 하고 물으신다. 유년 시절에 내가 그토록 듣고 싶었던 안부 인사, 나이 오십이 다 되어가는데도 아버지의 안부 인사에 눈시울이 붉어진다. 아버지의 사랑에 비스듬히 기대어 속삭여 본다.

  "아버지, 우리를 버리지 않고
  그 모진 삶을 견디고
  살아내 주서서 정말 고맙습니다.

  살아오시느라 정말 많이 애쓰셨습니다."

마흔여덟 딸이
엄마에게 쓰는 편지

병명도 모르고 세상을 떠난 엄마였지만
엄마는 아마도 심한 우울증을 앓고 있었을 거예요.

마흔여덟의 경임이가
고통 속에 혼자 울고 있었을
서른세 살의 엄마 '신숙자'를 안아 드릴게요.

나의 사랑하는 엄마!

살아오면서 엄마가 그립지 않은 시절이 있었을까요. 나의 모든 것, 나의 전부였던 엄마를 사는 내내 그리워하며 살아왔어요. 엄마라는 단어를 매만지면 눈물부터 쏟아질 것 같아 "엄마"라고 소리 내어 불러보지도 못한 것 같아요.

엄마가 떠난 후, 자주 꿈을 꾸었어요. 언니 오빠랑 한가롭게 놀고 있을 때 공산당이 쳐들어오는 꿈이었어요. 북한이랑 가까운 산자락에 살고 있어서 그랬는지도 모르지요. 갑자기 총, 칼을 들고 나타난 공산당을 피해 숨을 곳을 찾다가 몸이 굼뜬 나는 겨우 마루 밑에 숨어 벌벌 떨곤 했어요. 또 어떤 날은 공산당이 쳐들어왔을 때 재빨리 개구멍으로 빠져나가려고 했지만 결국에는 공산당에게 잡히는 꿈이었어요.

어느 한순간도 도망치는 일에 성공한 적은 없었어요. 나를 위협하는 총과 칼이 내 눈앞에 나타났을 때 공포에 질려서 울다가 잠이 깨곤 했던 것 같아요. 살기 위해 온 힘을 다해 도망치고 싶었지만 결국에는 붙잡혀버린 아이. 맞닥뜨린 불안한 현실이 무서워 울음을 터뜨리는 아이. 어쩌면 그 꿈은 엄마가 떠난 후 제 모습이었는지도 모르겠어요.

저는 엄마와 헤어질 준비가 되어 있지 않았어요. 엄마가 병원에 잠시만 입원해 있다가 집으로 돌아올 줄 알았어요. 기다리면 내 곁으로 다시 돌아올 줄 알았어요. 저는 그렇게 엄마와 마지막 인사도 하지 못한 채 헤어졌지요. 엄마 없이 살아오면서 미치도록 부러운 것이 있었어요. 그게 뭐냐면요… 엄마와 살갑게 이야기를 나누는 딸, 불같이 싸우고 토라졌다가도 아무렇지도 않게 다시 엄마가 차려주는 밥을 먹는 딸. 엄마와 함께 시시콜콜하고 평범한 일상을 살아가는 딸의 삶이 부러웠어요. 정말 미치도록 부러웠어요. 살면서 내게 '엄마'가 되어 주고 싶은 사람은 많았지만 그 어느 누구도 '엄마'를 대신할 수 있는 사람은 없었어요. 엄마는 세상에 오직 단 하나의 존재였으니까요.

어릴 때 엄마가 왜 집에 오지 않냐고 할머니께 여쭙곤 했어요. 할머니는 엄마가 차가운 바닷속에 있다고 했어요. 깊은 바닷속으로 가라앉고 있는 엄마가 늘 걱정되었어요. 중학생이 되었을 때 엄마 산소에 간 적이 있었죠. 아빠가 벌초한다고 추석 때 저를 처음으로 데리고 갔거든요. 저는 엄마의 '무덤'을 보고 깊은 안도를 했어요. 엄마가 차가운 바닷속이 아니라 보드라운 흙 속에 누워 있다는 걸 좀더 일찍 알았다면 얼마나 좋았을까요.

엄마 없이는 살 수 없을 것 같았던 저는 아주 오랫동안 엄마와의 애착을 포기하지 못했어요. 엄마처럼 따뜻한 품을 지닌 사람을 만날 때면 마음속으로 아이처럼 매달리고 싶었어요. 몇 년 전, 언니랑 둘이 엄마 산소에 찾아간 적이 있어요. 그날, 저는 비로소 엄마와 작별할 수 있었어요. 엄마에게 매달리고 싶었던 아이를 떠나보내며 엄마 무덤 앞에 앉아 오래, 오래, 울었어요.

결혼하고 아이를 키우면서 엄마가 살아온 발자취를 자주 더듬어보곤 했어요. 엄마가 고아로 자랐다고 아빠가 말씀해 주셨어요. 그러니 결혼할 때 "내 귀한 딸, 소중하게 대해 달라"고 말해 줄 친정 부모가 없으셨을 테지요. 스무 살 어린 나이에 아빠에게 시집 온 엄마의 삶은 얼마나 고되고 힘들었을까요. 며느리를 '종'처럼 생각하는 시댁 분위기에서 한 '여성'으로 존중받지 못하고 살아온 엄마의 슬픔을, 시부모님의 언어적 폭력과 아버지의 폭력을 견디며 살아온 엄마의 상처 난 마음을, 그 깊은 고통을 털어놓을 수 있는 친정 식구가 아무도 없었던 엄마의 외로움을 어찌 다 헤아릴 수 있을까요.

누구보다 하나님을 사랑한 나의 아름다운 엄마, 가혹하리만큼 심했던 고부간의 갈등 속에서 아이 넷을 키워낸 엄마, 정서적으로 쇠약해졌을 때는 자살 충동에 시달리며 힘들어했을 엄마. 병명도 모르고 세상을 떠난 엄마였지만 엄마는 아마도 심한 우울증을 앓고 있었을 거예요. 마흔여덟의 경임이가 고통 속에 혼자 울고 있었을 서른세 살의 엄마 '신숙자'를 안아 드릴게요.

나의 다섯 살 모습만 기억하고 있을 엄마!

저는 이제 마흔 여덟이 되었어요. 엄마 없는 삶을 살아오는 동안 눈물날 일 많았지만 저를 사랑해 주는 사람도 많았어요. 저를 왜 사랑하냐고 물어보면 '그냥' 사랑한대요. 웃기죠. '그냥, 이유 없이' 저를 사랑한대요. 엄마 딸 사랑 많이, 많이 받고 살았어요. 스물여섯에 저를 사랑하는 사람이랑 결혼도 했고, 아이도 한 명 낳았어요. 엄마의 외손주, 엄마가 아이를 보면 얼마나 좋아하실까요. 며칠 전, 엄마 외손주가 스물한 살 생일이었어요. 아이랑 통화하다 "내가 너를 낳았던 날도 오늘처럼 무더운 날이었어" 그렇게 말하는 순간 '엄마' 생각에 눈물이 와락 쏟아졌지 뭐예요.

엄마가 떠난 후에 사람들은 엄마를 비난하며 "몹쓸 년"이라고 제 앞에서 차마 입에 담지 못할 욕을 했어요. 엄마의 마지막 모습만 기억하는 사람들에게 '엄마'라는 사람의 인생은 평가절하되었지요. 그 세상의 정죄 속에 떠밀려 '엄마'를 입밖에 꺼낼 엄두도 내지 못했어요. 아이 생일날 43년의 침묵을 깨뜨렸어요.

"엄마! 보고 싶어요. 나의 사랑하는 엄마."

입 밖으로 소리 내어 말하는 순간, 화산처럼 잠자고 있던 슬픔이 터져 나와 목놓아 울었어요. 지금까지 많이 흔들리며 살아왔죠. 엄마와 오빠를 먼저 떠나보내고 제 마음속 불안을 감추기 위해 강한 척하며 살아왔어요. 여리고 눈물 많은 제가 강한 여전사의 가면을 쓰고 너무 오랫동안 살아왔는지도 모르겠어요. 이제는 가면을 벗고 오롯이 '나'로 살아가고 싶어요. 경직되어 있는 몸의 힘을 빼고 유연한 갈대처럼 흔들리면서 말이에요. 가면을 벗은 저는 이전보다 더 자유로워졌어요. 제가 자유롭게 살아가길 엄마는 누구보다 더 간절히 원하셨을 테지요.

엄마가 떠난 후에 저의 미래는 보이지 않았어요. 그런데 지금의 저는 제가 어릴 때 한 번도 상상해 보지 못했던 꽤 괜찮은 어른이 되었어요. 이제 중년의 여인이 된 저를 보면 깜짝 놀라실 거예요.

제가 이렇게 자라올 수 있었던 건 불안이 빛을 발한 걸까요. 아니면 슬프도록 아름다운 고통의 신비 때문일까요. 엄마가 오늘을 살고 있는 저를 볼 수 있다면 얼마나 좋을까요? 사랑한다는 말, 보고 싶다는 말이 하고 싶어서 이리 긴 편지를 썼어요.

사랑해요,

엄마!

★ 세 번째 이야기, 슬픔의 여행은 계속됩니다

그저 그들의 슬픔을
안아주세요

그들이 자신의 슬픔을 자신의 언어로 표현하고

자신만의 목소리로 말할 수 있도록,

함께 걸어주는 이웃이 더 많아지면 좋겠다.

판단을 유보한 채 그저,

그들의 슬픔을 안아주는 것이다.

지난해 내가 살고 있는 곳으로부터 230킬로 떨어진 지역에서 7.0의 강진이 일어났다.

내가 앉아 있던 사무실은 사정없이 흔들렸다. 순식간에 벽에 금이 가기 시작했다. 가지런히 정리되어 있던 물건들은 일제히 바닥으로 떨어져 내렸다. 건물이 흔들리면서 학생들은 비명을 지르며 교실을 빠져나갔다.

우리가 평온한 일상을 살 수 있는 것은 땅이 견고하게 서 있기 때문이다. 평온한 일상을 보내고 있을 때는 이 뻔한 사실을 모를 때가 많다. 마치 7.0의 강진으로 사무실이 흔들렸던 것처럼, 평온하던 내 일상에 지진이 난 것 같은 순간이 있었다. 견고하게 서 있던 나의 일상이 사정없이 흔들렸다. 엄마가 돌아가셨을 때 강도 높은 지진이 내 인생을 덮친 것만 같았다. 절대 흔들리지 않을 거라 생각했던 내 삶의 모든 것이 참혹하게 무너져 내렸다.

지진보다 더 두려운 것은 여진이었다. 얼마나 오랫동안 여진이 계속될지 모르니 늘 긴장한 상태로 살아야 했다. 엄마가

★ 세 번째 이야기, 슬픔의 여행은 계속됩니다

떠난 후에 나의 일상엔 끝도 없는 여진이 계속되는 듯했다.

자살 유가족을 향한 비난과 낙인, 수치를 강요하는 사회와 차가운 종교적 시선, 내면에서 일어나는 죄책감, 가족들 간에 존재하는 원망과 관계의 변화, 그리고 엄마의 부재를 견디며 살아내야만 하는 일상의 여진이 오랫동안 계속되었다. 고통으로 일그러진 다섯 살 된 어린아이에게 세상은 너그럽지 못했다. 자살에 대한 부정적 편견으로 인해 남겨진 가족은 무거운 형벌을 감내하며 살아내야 했다.

"너희 집에는 자살의 영, 죽음의 영이 있어."

아무렇지도 않게 내 앞에서 말하는 사람들,
그들에게 나의 아픔은 도대체 어떤 의미였을까…

나의 슬픔을 채찍으로 다루려는 사람들에게는 오직 침묵이 답이었다. 이렇게 침묵하는 나의 태도는 나의 심리를 억압하는 데 일조했다. 엄마와 함께 다니던 고향 교회를 떠나 온 뒤로 새로 다니는 교회 사람들에게는 엄마의 죽음에 대해 더이상 말하고 싶지 않았다. 자살을 죄악시하는 교회에서 나의 아픔을 가까운 친구들과 나눌 수 없다는 것은 내게 절망적이었다. 신앙의 공동체에서, 나의 이야기를 꺼내기조차 힘든 상황은 나를 외톨이로 만들어 버렸다. 위로로 연결될 수 없었던 나의 슬픔은 사람들 앞에서 가면을 쓰고 살아가게 했다. 남이 아는 '나'는 아름다운 미소를 가진 아이였지만 내가 아는 '나'는 슬픔에 갇혀 홀로 울고 있는 아이였다. 내면의 자아와 사회적 자아가 서로 연결되지 않아 괴리감을 느끼며 살아왔다.

두 자아가 통합되어 온전한 '나'로 살고 싶었지만,
슬픔을 말할 용기는 나지 않았다.

엄마가 돌아가신 직후에는 너무 어렸기 때문에, 그저 살아내느라 나를 돌보고 감정을 살필 경황이 없었다. 그러나 이십삼년 전에 오빠를 다시 자살로 잃은 후부터 몸이 아프기 시작했다. 해결되지 못한 마음의 슬픔이 신체화 반응으로 나타난 것이다. 교회에서 리더로, 사역자로, 지난 2007년 이후부터는 선교사로 살아왔지만 엄마와 오빠를 자살로 잃었다는 것을 아는 사람은 거의 없었다. 자살 유가족의 아픈 곳을 날카로운 송곳처럼 찔러대는 언어폭력이 두려워 나를 고립시켰고, 상처받지 않으려고 말하지 않고 살아왔다. 내 슬픔을 말한다고 한들 누가 내 고통을 이해할 수 있을까 싶었다. 몸이 아프기 시작하면서 비로소 내 안에 있는 '분노'와 마주할 수 있었다. 종교적으로, 사회적으로 슬픔을 억압할 수밖에 없도록 분위기를 조성한 세상에 대한 분노였다.

세상에 대한 분노를 가지고 내 삶을 계속 살아가고 싶지는 않았다. 세상과 화해하고 싶었다. 세상과 화해하기 위해서는 "나는 자살 유가족입니다"라고 말할 수 있는 용기, 나의 취약함을 드러낼 수 있는 용기가 필요했다. "나는 자살 유가족입니다"라고 처음으로 말하던 날, 나의 온몸은 두려움으로 사시나무 떨리듯 떨렸다. 공개적으로 자살 유가족이라고 말하기 시작하면서부터 비로소 나의 애도는 시작되었다. 40여 년 가까이 지연된 애도, 가족을 잃고 울어본 적 없는 슬픔에 대해 목놓아 울기 시작했다. 뒤늦은 애도의 과정을 거치며 슬픔의 수용소에 갇힌 내 슬픔을 서서히 놓아 보낼 수 있었다. 슬퍼하기 시작하면서부터 내 삶에 위로가 흘러오기 시작했다. 함께 아파하고, 함께 슬퍼하고 고통을 이해해 주는 사람들이 내 손을 잡아 준 것은 뜻밖의 위로였다.

이전에는 가족 안에서 엄마와 오빠에 대해 말하는 것을 꺼려했지만 이젠 마음에 있는 그리움을 언니들에게 말하며 지낼 수 있게 되었다. 가족의 죽음을 말하기 시작하면서 억압된 감정이 해소되기 시작했다. 상실을 온전히 받아들이고 더 건강하게 살아가는 법을 배울 수 있었다. 비로소 오랜 시간 동안 쓰고 살아온 가면을 벗을 수 있었다.

과거와 화해하고 세상과 화해하기까지, 내게는 오랜 시간이 필요했다. 어쩌면 그래서 내 인생의 겨울이 유난히 길었는지도 모른다. 가족의 죽음을 수치로 여기며 살아온 과거로부터 자유로워진 나는 지금, 여기에, 오늘을 충만하게 살아간다. 타인의 아픔에 더 깊이 공감하고 깊은 이해를 가진 '나'로 숨쉬며 존재한다. 군중 속의 외로움이 아니라 '함께'라는 '연대'를 경험하면서 말이다.

자살 유가족들이 조금은 덜 외로운 세상을 꿈꾼다. 가면을 쓰고 은폐된 삶을 살아가는 것이 아니라 세상과 연결되어 '함께' 살아갈 수 있는 세상을 꿈꾼다. 박정은은 자신의 저서 <슬픔의 시간>에서 "상실을 경험하는 모든 이들은 슬퍼하는 과정 속에서 삶의 질을 변화시켜 나갈 기회가 필요하다"라고 했다. 자살 유가족에게 가장 어려운 일은 가족을 잃은 것에 대해 슬퍼하기 시작하는 일인지도 모른다.

사랑하는 가족을 잃은 순간, 애도할 권리마저 빼앗긴 채 살아온 자살 유가족들이 여전히 많다. 그들이 자신의 슬픔을 자신의 언어로 표현하고, 자신만의 목소리로 말할 수 있도록, 함께 걸어주는 이웃이 더 많아지면 좋겠다. 그 길은 생각보다 가까운 곳에 있다.

판단을 유보한 채 그저,
그들의 슬픔을 안아주는 것이다.

외계인 같은 새엄마

그녀의 자녀들은 아빠의 횡포에 놀라
성급히 우리집을 떠났다.
자녀들이 떠난 후에 그녀도 짐을 싸기 시작했다.
나는 그녀의 바지 가랑이를 힘껏 붙잡았다.

"떠나지 말아주세요. 아빠 곁에 있어주세요."

그녀는 부잣집에서 태어났다.

6.25 전쟁 때조차 흰쌀밥과 고기 반찬이 풍성한 집이었다. 그러나 부잣집에 태어났어도 글을 제대로 배우지 못했다. 몰래 담장을 넘어 학교 구경이라도 가는 날이면 사정없이 회초리를 맞았다. 계집에게 글을 가르치면 안 된다는 아버지 때문이었다. 초경이 시작할 무렵, 그 마을 제일가는 부잣집 도련님이랑 결혼했다. 남편은 주색잡기에 빠져 살다가 다른 여자랑 눈이 맞아 집을 나가 버렸다.

그녀는 평생 혼자서 6남매를 억척스럽게 키워냈다. 부잣집에서 곱게 자랐지만 손에 물 마른 날 없이 살았다. 자식을 키우기 위해 닥치는 대로 일했다. 오십이 조금 넘었을 때 작은 식당을 차렸다. 음식 솜씨가 좋았던 그녀의 식당은 입소문이 나면서 손님으로 붐볐다. 그녀는 꿈꾸기 시작했다. 넓은 장소로 이전하면 더 많은 돈을 벌 수 있을 것 같은 행복한 꿈. 식당 이전 준비로 정신없이 바쁘던 어느 날, 집에 도둑이 들었다. 도둑은 그녀를 죽을 만큼 두들겨 패고 평생 모아 온 돈을 훔쳐 달아나 버렸다. "서방 없는 년이라 나를 얕잡아 본게지", 넋이 나가 혼잣말을 중얼거리던 그녀는 처음으로 재혼을 결심했다. 친구에게 다음날 전화를 걸었다.

"사람 하나 소개시켜줘 봐라. 내 시집 한번 다시 가보자."
그녀가 중매로 처음 만난 남자가 바로 내 아버지다.

행색이 초라하고 볼품없는 가난한 시골 남자인 아빠에게는 여러 여인들이 있었으나, 하루를 살고 가든 한 달을 살고 가든 우리집을 떠날 때마다 그녀들은 돈을 훔쳐 달아났다. 아빠를 혼자 남겨두고 산업체 고등학교에 입학하던 날, 아빠에게 부탁했다. "아빠! 아무 여자나 집에 데려오지 말고, 정말 아빠랑 함께 살 수 있는 사람을 만나면 좋겠어요. 이번에는 예수님 믿는 여자를 만나 보면 어때요?" 그때는 아빠가 내 말을 마음에 담아 두었는지 알지 못했다.

그녀를 처음 만나는 날 아빠는 허름한 추리닝 바지에 점퍼를 걸치고 갔다. 식당에 앉았을 때 종업원이 물병과 메뉴판을

★ 세 번째 이야기, 슬픔의 여행은 계속됩니다

가지고 왔다. "뭘 드시겠어요?" 아빠가 투박하게 물었다. 그녀는 처음 보는 남자의 추레한 모습에 뭘 같이 먹고 싶은 생각조차 없었다. 대답을 안 하자 뜬금없이 아빠가 묻는다. "예수님 믿으세요?" 그녀는 처음 들어보는 '예수'라는 말에 "그게 누구에요?"라고 되물었다. 그러자 "나는 예수님 믿지 않는 사람이랑은 함께 살 생각이 없어요." 무슨 배짱이었을까. 식당에 앉으면서 벗어 두었던 점퍼를 들고 아빠는 문을 박차고 나와 버렸다.

콧대 높은 부잣집에서 태어난 그녀의 도도한 자존심이 처참히 짓밟혔다. 부아가 잔뜩 나서 밤새 한숨도 못 잤다. 다음날 그녀는 오기가 나서 아빠에게 전화했다. "예수가 누구에요? 믿으면 될 거 아니에요!" 그녀와 아빠는 그렇게 인연이 되었다. 사실 엄마가 떠난 후 아빠는 교회 근처는 얼씬도 하지 않았다. 게다가 아빠는 무뚝뚝한 편이다. 술주정이 심했고 화가 나면 버럭버럭 소리지르는 버릇이 있었다. 그녀는 일주일도 안 돼서 재혼한 것을 후회했다. 그녀는 혼잣말을 했다. "나이 오십 줄 넘어서 이 꼴 보려고 재혼했던가."

재혼한 후 얼마 되지 않았을 때 아빠의 회갑 잔치가 있었다. 회갑 피로연이 끝나고 술 취한 아빠는 물건을 때려 부수며 술주정을 시작했다. "내 집에서 뭣들 하는 거야. 내 눈앞에서 다 꺼져버려." 그녀의 자녀들은 아빠의 횡포에 놀라 성급히 우리집을 떠났다. 자녀들이 떠난 후에 그녀도 짐을 싸기 시작했다. 나는 그녀의 바지 가랑이를 힘껏 붙잡았다.

"떠나지 말아주세요. 아빠 곁에 있어주세요."

그녀는 애원하는 나의 손을 차마 뿌리치지 못했다. 그녀는 아빠에게 아내가 되어주었고, 나에게는 엄마가 되어주었다. 이후, 그녀와 삼십 년 넘게 살아오는 동안 아빠는 훨씬 더 괜찮은 사람이 되었고, 나는 아빠를 향한 염려에서 벗어나 내 삶을 살아올 수 있었다. 그녀는 초등학교 문턱에도 가본 적 없다고 했지만 내가 만난 어떤 여인보다 지혜로웠다. 선교지로 떠나 오기 전, 그녀는 내 손을 잡고 말해 주었다.

"사랑한다, 우리 딸."

마치 처음 들어보는 사랑고백 같았다. 그 뒤로 전화드릴 때마다 잊지 않고 내게 말씀해 주신다, "사랑한다 우리 딸." 어쩌면 "사랑한다"는 말이 듣고 싶어 전화를 더 자주 드렸는지도 모르겠다.

그녀는 아빠를 만나기 전에 '예수'라는 말을 들어본 적도 없었지만 지금은 성경을 다섯 번째 필사하고 있을 만큼 예수님을 사랑하는 여인이 되었다. 성경을 쓰다 한글을 깨우친 그녀는 연필로 꾹꾹 눌러쓴 손 편지를 내게 전해주었다. "우리 딸 사랑한다, 엄마가…"

김해남은 그녀의 저서 <만약 내가 인생을 다시 산다면>에서 "사람이 살아가는 데 가장 중요한 것은 사랑받는다는 것이다"라고 말했다. 난, 엄마가 돌아가신 후에 사랑이 고팠다. 사람이 살아가면서 사랑받고 싶은 욕구만큼 강렬한 것이 있을까. 어릴 때부터 눈칫밥 먹고 자라온 나에게 "사랑한다"고 말해줄 수 있는 그녀는, 마치 외계인 같은 새엄마였다.

사랑이라는 외계어를 들고 온,

눈물나게 고마운 외계인.

★ 세 번째 이야기, 슬픔의 여행은 계속됩니다

한쪽 귀로 듣는 심리 치료사

우리 삶에 새겨진 상실은 극복하거나
잊어버릴 수 있는 것이 아니라고 생각한다.

상실에 대해 슬퍼하고 애통하는 일은 자연스러운 일이다.
시간이 지나면서 상실의 아픔이 옅어질 뿐,
사라지는 것은 아니기 때문이다.

지난 2007년 5월, 한국을 떠나 선교지로 출발했다.

우리 가족이 도착한 바기오는 필리핀 수도 마닐라에서 북동쪽으로 250km 떨어진 지역에 위치해 있다. 마닐라에서 차로 7~8시간 달려서 바기오에 도착했다. 그곳에서도 북쪽으로 한 시간을 더 이동하여 최종 목적지인 필리핀 나사렛 대학교에 도착할 수 있었다. 열아홉 살부터 선교사가 되고 싶은 꿈을 꾸었는데 15년 후에 드디어 선교지에 첫 발을 내딛게 되었다. 선교지에 도착한 첫날밤만큼은 희망으로 부풀어 있었다.

그러나 선교지의 삶은 내 생각처럼 흘러가지 않았다. 한국에 있었을 때 친밀하고 익숙했던 모든 인간관계로부터의 단절과 상실은 내게 향수병을 선물해 주었다. 처음 살았던 집은 인터넷을 설치하기 어려운 곳에 있었다. 친구와 연락하려면 국제통화를 해야 하는데 마음처럼 쉽지 않았다. 익숙한 곳을 떠나온 상실과 낯선 문화에 적응해 나가는 일, 언어 소통이 자유롭지 않은 일상을 살아내는 일은 버거웠다. 새로운 곳에 정착하기 위해 좌충우돌하는 나의 모습은 마치 어린아이 같았다.

선교지에 적응하려고 나름 최선을 다하며 살아가던 어느 날, 오른쪽 고막이 찢어질 듯 아팠다. 너무 아파서 비명을 지르며 귀를 막았다. 귀 안에서 무슨 일이 벌어지고 있는 건지 도무지 알 수 없었다. 언어 소통이 잘 되지 않아 병원 가는 것이 두려웠다. 병원에 가는 일마저 용기가 필요했다. 필리핀 현지 의사는 고열이 떨어지면 귀가 아픈 것도 괜찮아질 거라고만 할 뿐 아무 조치도 취하지 않았다. 열이 떨어지고 나서 얼마 후에 오른쪽 귀가 잘 들리지 않기 시작했다. 아프기 시작하여 한 달쯤 지나고 나서야 한국행 비행기에 몸을 실었다. 한국에 도착해서 청력 검사를 받았다. 검사 결과지를 들고 온 의사 선생님이 담담하게 물었다.

"나이가 어떻게 되세요?"

"33살이에요."

"한쪽 청력을 잃으셨어요. 오른쪽 귀 청력 제로에요. 현대 의학으로는 신경이 완전히 손상되었을 경우 보청기를 사용해도 들을 수 없습니다."

의사 선생님이 안타까운 마음으로 말씀하셨다. 삼십대 초반이었던 나는 청력을 잃었다는 것을 쉽게 받아들이지 못했다. 전문적인 영역에서 사람들을 섬기는 선교사가 되고 싶었던 꿈이 좌절되는 것 같았다. 심리 치료사가 되고 싶었는데 오른쪽 청력으로 아무것도 들을 수 없는 현실이 믿기지 않았다. 슬픔에 빠져 비틀거렸다. 의사 선생님 말처럼, 아프기 시작했을 때 바로 한국으로 나갔다면 청력을 잃지 않았을까? 그랬다면 지금과는 결과가 달랐을까? 청력 상실의 한복판을 지나오면서 목놓아 울었다. 내게 가장 소중한 '듣는 귀'를 잃어버린 것을 받아들이기까지 오랜 시간이 걸렸다.

청력을 상실했다는 것을 처음 알게 되었을 때 심리 치료사의 삶은 끝났다고 생각했다. 그러나 오른쪽 청력을 상실한 이후 내담자의 입에서 나오는 소리뿐만 아니라 마음의 소리를 듣기 위해 더 귀를 기울이는 상담자가 될 수 있었다.

문학평론가 신형철은 그의 저서 <슬픔을 공부하는 슬픔>에서 "인간은 자신의 한계를 슬퍼할 줄 아는 생명이니까. 한계를 슬퍼하면서, 그 슬픔의 힘으로 타인의 슬픔을 향해 가려는 노력을 한다"고 했다. 나의 상실은 타인에게 나아갈 수 있는 원동력이 되어 주었다. 내 삶에 허락된 고통이라는, 헤아리기 힘든 신비를 통해 타인에 대한 이해가 더 깊어질 수 있었다. 역설적으로 내가 겪은 깊은 상실을 통해 하나님의 사랑을 더 깊이 경험할 수 있었다. 엄마가 떠난 유년 시절부터 지금까지 칠흑 같은 어둠이 있었기에 빛을 향한 갈망이 더 깊었는지도 모른다.

치유의 여정을 통해 '홀로 우는 시간'에서 '타인과 함께 우는 법'을 배울 수 있었다. 나의 상처와 아픔에 거리를 둘 수 있는 마음의 여유와 힘이 생기고, 나의 삶을 새로운 시각으로 바라볼 수 있게 되었다.

돌아보니, 심리 치료사로서 내가 경험한 수많은 상실들은 아픔과 트라우마로 고통받는 사람들에게 선물로 전해졌다. 내 삶의 거름이 되어준 풍성한 어둠에 감사한다. 어둠과 상실의 시간들을 통과해온 당사자로서 내담자들의 슬픔을 더 깊이 이해할 수 있었기 때문이다. 내담자들이 슬픔에 머물러서 자신을 온전히 바라볼 수 있도록 돕고 자신의 감정을 솔직하게 느끼고 말할 수 있도록 도울 수 있었다. 그 생의 상실과 슬픔을 받아들이도록 함께 동행하는 상담자가 될 수 있었다. 그들과 함께 동행하는 시간은 나에게 위로가 흘러오는 시간이기도 했고 나의 상처를 치유하는 시간이기도 했다.

상실의 여정은 끝나지 않았다. 여전히 슬픔의 미궁 속에 빠져 울음을 터뜨리는 날이 있고, 행복한 웃음으로 박장대소하는 날도 있다. 우리 삶에 새겨진 상실은 극복하거나 잊어버릴 수 있는 것이 아니라고 생각한다. 상실에 대해 슬퍼하고 애통하는 일은 자연스러운 일이다. 시간이 지나면서 상실의 아픔이 옅어질 뿐, 사라지는 것은 아니기 때문이다.

슬픈 감정이 밀려올 때마다
슬픔을 기꺼이 껴안아 주는 일이

어쩌면 내가 평생 해야 할 일일지도 모른다.

따뜻한 환대로 마음 안아주기

이것은 신비다.

고통과 고통이 연결되어

치유가 벌어지는, 기적이라는 신비

진료실로 들어가기 전에 얼굴이 점차 흙빛으로 변해 가던 그녀였다. 진료실을 나올 때는 얼굴이 한결 밝아졌다.

"정신과 의사를 만나기 전에 어떤 생각을 하고 있었어요? 그때 무슨 생각을 하고 있었는지 말해 줄래요?"

나의 질문에 그녀가 망설이다 대답했다.

"음… 정신과 의사가 내 머리에 구멍을 뚫는 것은 아닐까 생각했어요."

오래된 옛날 영화에서 들었을 법한 그녀의 대답은 정신과 진료를 받는 것이 얼마나 두려웠는지 짐작할 수 있게 해주었다. 처방전을 들고 나오며, 리타를 '샤몰로그'에서 처음 만났을 때를 떠올렸다. 리타는 해외노동자로 중동에서 일하다 돌아온 상황이었다.

해외에 나가 돈을 벌어 가족들을 돕고 싶은 마음으로 먼 길을 떠나는 필리핀 해외노동자 수는 220만 명에 이른다. 필리핀 이주 여성들은 대부분 해외에서 가사 도우미로 일하는 경우가 많다. 그들이 가사 도우미로 해외에 나가 일하는 동안 성폭력과 학대를 경험하는 일들이 빈번하게 벌어진다. 몇 해 전에도 쿠웨이트에서 가사도우미로 일하는 필리핀 여성이 살해된 채로 발견되었다는 뉴스를 접했다. 필리핀 해외 노동자들이 해외에서 겪는 비인간적인 노동환경과 학대, 임금 착취, 인권 유린 등의 문제는 사라지지 않고 있다.

이러한 열악한 상황에서 리타는 가족을 돕기 위해 사우디아라비아에 가사도우미로 일하러 갔다. 리타는 고용주에게 노예처럼 종속되어 하루 12시간 이상 일했지만 월급을 받지 못했다. 결국 고용주에게 밀린 월급을 요구했다가 심한 폭력과 성폭력을 당한 뒤 쫓겨나다시피 고향으로 돌아왔다. 고향으로 돌아온 어느 날부터 '목소리'가 들리기 시작했다. 환청으로 인해 혼잣말을 하기 시작했고 피해망상까지 더해져 가족과 이웃들과 잦은 충돌을 경험했다. 사람들은 리타를 두고 "정신병자"라고 말하며 혐오하기 시작했다. 가족의 품으로 돌아왔지만 리타를 기다리는 것은 따뜻한 환대가 아니었다. 더 깊은, 고통의 나락으로 떨어져야 했다.

"제 안에 끊임없이 목소리가 들려요. 그 목소리는 저를 향해 '더러운 년, 간음한 년'이라고 저를 책망하며 채찍질해요."

리타의 목소리가 가늘게 떨리며 두 볼을 타고 눈물이 주르륵 흘러내렸다. 외딴섬에 홀로 부유하며 살고 있는 리타와 일주일에 한 번씩 상담을 시작했다. 내게 속마음을 나누기 시작한 것은 우리가 만난 지 6개월 이후부터였다. 나를 향한 신뢰가 쌓여가고 있을 때 정신과에 함께 가자고 제안했다. 리타는 두려움에 가득 찬 눈빛으로 함께 가겠다고 고개를 끄덕였다. 약속을 지킬 수 있을지 나조차도 확신이 서지 않았다. 다음날, 리타가 내 눈앞에 나타났을 때 두려움을 이겨낸 리타를 마음껏 칭찬해주고 싶었다.

리타의 증상은 약물치료를 시작한 이후에 잠시 완화되기도 했다. 하지만 약에 대한 불신으로 임의로 약을 끊었다가 또 다

★ 세 번째 이야기, 슬픔의 여행은 계속됩니다

시 약을 먹고, 끊었다가 다시 약 먹는 일을 수없이 반복했다. 실패하고 넘어졌지만 리타의 손을 놓지 않고 상담을 계속해왔다. 몇 해 전부터는 약을 꾸준히 먹기 시작하면서 환청과 망상으로부터 조금씩 자유로워져 가고 있다. 어느 주일, 예배가 끝난 후에 리타는 내 손을 잡고 속삭이듯 말했다.

"제가 환청을 듣는 것을 아는 사람들은 저를 어떻게 대해야 하는지 몰랐어요. 교회를 다니고 싶었지만 환청으로 인해 어떤 교회에도 적응할 수 없었어요. 제가 약을 먹으면서 평범한 일상을 살아낼 수 있도록 도와주셔서 감사해요."

나는 리타를 정신질환을 가진 사람으로 바라보기보다 고통의 시간을 통과해내고 있는 한 존재로 바라보았다.

자살과 정신질환은 밀접한 관련이 있다. 자살 사망자의 90%가 정신 질환을 가지고 있으며, 정신질환은 자살 위험성을 높이는 성향이 강한 것으로 보도되고 있다. 안타깝게도 정신 질환을 앓고 있는 사람들에게 정신과적 치료가 절실함에도 불구하고 낙인이 두려워 아픈 것을 숨기고 싶어 하는 경우가 더 많다.

자살로 가족을 잃은 것과 정신질환을 겪고 있는 것을 숨기고 싶은 이유는 수치에 대한 공포, 낙인에 대한 공포가 아닐까. 샤몰로그 마을 사람들 중에는 그녀를 향해 실제로 돌을 던지는 사람도 있었다. 해외 이주노동자로 살면서 경험한 아픔에 대한 공감은 사라진 채 "미친년"이라며 그녀를 향해 던져지는 혐오의 시선들은 얼마나 잔인한가. 어릴 때 엄마를 잃은 후에 가장 친했던 동네 친구가 나랑 놀지 않겠다고 하길래 이유를 물었다. "우리 엄마가 너랑 놀지 말라고 했어. 재수 옴 붙는다"고. 위로가 가장 절실한 순간에 친구의 폭력적인 말을 듣고 나는 한동안 말을 잇지 못했다.

"정신력이 약해서 자살한다", "정신병이 있는 사람은 귀신 들린 사람이다" 등등의 말이 여러 곳에서 들리는 한, 정신 질환으로 고통받는 사람들이 아픔을 수치로 여기며 숨어버릴 수밖에 없는 현실은 계속해서 이어질 것이다.

사회적인 낙인과 차별 그리고 혐오를 경험하며 고통 속에 살아가는 그녀가 교회에서 환대받는 것을 지켜본 마을 사람들은 더이상 그녀에게 돌을 던지지 않는다. 리타를 안아주는 일은 '교회 안에서조차 아픔을 꺼내 놓지 못하고 살아온 나의 시간을 안아주는 것'이기도 했다.

이것은 신비다.
고통과 고통이 연결되어
치유가 벌어지는, 기적이라는 신비.

방문객

그녀는 이곳에 머무는 동안
내 삶을 힘껏 안아주었다.

나뿐만 아니라 샤몰로그에서 만나는 사람들을
어미의 마음으로 넉넉히 안아주었다.

무덤가 마을 샤몰로그에 '한달 살이'로 장로님 부부가 오셨다.

정현종은 그의 시 <방문객>에서 썼다. "사람이 온다는 건 실은 어마어마한 일이다. 그는 그의 과거와 현재와 그리고 그의 미래가 함께 오기 때문이다. 한 사람의 일생이 오기 때문이다." 한국교회에 보기 드문 여성 장로 중의 한 분인 그녀는 내게 매우 특별한 방문객이었다. 그녀의 남편은 키가 크고 잘생긴 훈남 이다. 그리고 그녀의 남편은 결혼하고 오 년 후, 조현병 진단을 받았다…

가족이나 본인에게 정신질환이 발병되었다는 것을 받아들 이는 일은 결코 쉬운 일이 아니다. 아프다는 것을 받아들이지 못해 정신과 진료와 약물 치료를 거부하거나 사회적인 편견이 두려워 가족의 정신질환을 은폐하고 살아가는 사람들이 여전 히 많다. 샤몰로그에서 만난 학생 중 한 명도 엄마가 정신질환 을 앓고 있다는 것을 숨기고 살아왔다며 나와 이야기를 나누던 중 통곡하며 울었다. 치열한 고통을 아무에게도 알리지 못하고 살아온 학생의 억눌려온 슬픔이 터져 나온 것이다. 이렇듯, 정신질환을 앓고 있는 가족과 함께 살아갈 경우 어떻게 대처해야 하는지 몰라 막막한 순간이 많다.

이와 대조적으로 그녀는 처음부터 남편의 병을 숨기지 않았다. 그녀에게 조심스럽게 여쭈었다. "남편 분이 처음 조현병 진단을 받았을 때 마음이 어떠셨어요?" 그녀가 답했다.

"저는 오히려 안도가 되었어요. 결혼한 뒤 오 년 동안은 친구들과 연락을 끊고 살았어요. 남편의 말과 행동이 도무지 이해가 안 돼서 힘들었거든요. 그런데 진단을 받고 나니 '남편이 아파서 그랬구나' 싶더라구요. 시댁 식구는 숨기려고 했지만 저는 남편이 조현병이라는 사실을 숨기지 않았어요. 아픈 것을 말하는 건 수치를 드러내는 일이 아니라 '도움'이 필요한 상태임을 다른 사람에게 알리는 거니까요. 제가 남편이 아픈 것을 부끄러워해서 은폐하며 살아왔다면 제 가슴은 시퍼렇게 멍들었을 거예요. 지금 돌아보면 처음부터 숨기지 않고 살아온 것이 은혜였던 것 같아요."

나는 그녀의 대답을 듣고 적잖이 놀랐다.

조현병을 앓고 있는 사람은 언제 어떤 사고를 저지를지 모르는 위험한 사람으로 분류되기 쉽다. 그래서 사회로부터 배제 대상이 되고 '차별'과 '감금'이 당연하게 받아들여지는 '반사회인'으로 낙인을 경험한다. 이런 사회적인 낙인으로 인해 정신질환을 앓고 있는 것을 은폐하는 사람들이 생겨난다. 40년 전에는 정신질환에 대한 사회적 편견이 지금보다 훨씬 더 심했을 텐데, 그녀는 남편의 조현병을 숨기지 않았다. 이 모든 어려운 여건 속에서 남편과 함께 '우리'라는 가족 공동체를 포기하지 않고 오랜 세월 함께 살아오신 것이 참으로 존경스러웠다.

그녀의 시부모님은 남편의 질병을 숨기고 싶어 하셨고, 남편의 병을 받아들이기 어려워하셨다. 그래서 적극적으로 치료받을 수 있도록 도움을 주지 못하셨다. 그러나 결과적으로, 가족의 정신질환을 은폐하면 적절한 치료 시기를 놓치기 쉬울 뿐만 아니라 질병이 더 악화되기 쉽다. 그녀는 시부모님과 달리 남편이 아픈 것을 숨기지 않았고 치료받을 수 있도록 남편을 도왔다.

 '남편이 분노를 표출할 때 더 잘해주었으면 아프지 않았을까?' 하는 죄책감과 자책이 일어날 때도 있었다. 그럴 때마다 그녀가 죄책감이나 우울감에서 벗어날 수 있도록 교회 공동체는 힘이 되어주었다. 남편의 조현병 발병 초기 때부터 함께해온 교회 공동체와의 만남이 그녀의 삶에 긍정적인 요소로 작용한 것이다.

 (아마도) 그녀의 모든 시절은 남편을 위한 시간들로 채워졌을 것이다. 조현병을 앓고 있는 남편은 아내의 사랑으로 인해 가정 안에서 용납받고, 한 인격으로 존중받으며, 세 자녀의 아버지로 살아올 수 있었다. 나는 그녀가 어떤 세월을 살아왔는지 가늠조차 할 수 없다. 가정 안에서 누릴 수 있는 소소한 일상을 남편에게 선물하기 위해 감내해온 세월, 그녀의 사랑의 넓이와 깊이를 생각하니 마음이 숙연해졌다.

 그녀는 가끔 나에게 "저는 남편이 아파서 아무것도 못하고 살아왔어요"라고 말하곤 했다. 그녀가 던지는 "아무것도 못하고 살아왔어요"라는 말은 내게 "세상적으로 사람들 앞에 내세울 수 있는 성과와 업적은 없어요"라는 말로 들렸다. 한국에서 내로라하는 명문대학을 나온 그녀가 자신의 능력을 일에 집중하며 살아왔다면 분명 누구보다 더 많은 성취를 이루어냈을 것이다.

그러나 그녀는 다른 사람들 눈에는 매력 없어 보이는 일, 어쩌면 너무 시시하고 하찮아 보이는, '가족을 사랑하는 일'에 능력과 의지를 집중시키며 살아왔다. 40년이 넘는 세월 동안 정신병원 입원과 퇴원을 반복하며 약물치료를 받는 남편을 살뜰히 챙기면서 누구보다 더 열심히 사랑으로 세 자녀를 양육하였다. 스캇 펙은 그의 저서 <아직도 가야 할 길>에서 말한다. "만약 배우자와 아이들과 진정한 사랑의 관계를 이룬 사람이 있다면 그 사람은 다른 사람들이 일평생을 통해서 성취할 수 있는 것 보다 더 많은 것을 성취했다고 할 수 있다." 사랑하는 일에 집중하며 살아온 그녀의 삶은 그 어떤 화려한 업적을 이룬 사람보다 더 아름답게 반짝였다. 이토록 아름다운 삶을 살아온 그녀가 내게로 와 주었다.

"제가 이곳에 와서 할 수 있는 일이 무엇일까 고민해 봤어요. 선교사님은 샤몰로그 사람들의 엄마로 살고 계시니 저는 이곳에 있는 동안 선교사님의 '엄마'로 지내다 가면 좋지 않을까 생각했어요."

그녀는 이곳에 머무는 동안 내 삶을 힘껏 안아주었다. 나뿐만 아니라 샤몰로그에서 만나는 사람들을 어미의 마음으로 넉넉히 안아주었다. 덕분에 장로님을 만나는 사람들마다 위로를 받았다. 조현병을 앓고 있는 남편과 함께 살아내는 그녀의 삶은 사람들에게 깊은 울림을 안겨 주었다. 그녀와 함께할 수 있었던 시간은 내게 선물 같은 시간이었다.

장로님이 한국으로 돌아가기 전, 함께 여행을 함께 갔는데 여행지에 도착하자마자 천둥번개가 치면서 전기가 나가버렸다. 우리는 한 침대에 누워 밤새도록 이야기를 나누었다. 서로의 가슴 깊이 묻어둔 아픔을 토해내며 뜨거운 눈물을 흘렸다. 우리는 서로를 힘껏 안아주었다. 우리의 수다가 기도로 변하는 순간, 아침 햇살이 문틈으로 새어 들어와 어둠을 밀어냈다.

다음날, 남편 집사님이 나를 향해 손을 흔드시며

장로님 손을 꼭 잡고 공항으로 들어가셨다.

두 분의 뒷모습을, 오래도록,

오래도록 바라보았다.

"Umma! You are my home"

누군가를 사랑한다는 것은,
나의 세계를 확장해 나가는 일이다.
나를 거절하고 때론 밀어내고
분노와 불안으로 흔들리는

아이 손을 잡고 함께 걸어오는 동안
아이도 나도 성장했다.

"이 시는 제가 엄마에게 드리는 생일 선물이에요."

제디가 선물로 전해준 시를 읽다가 눈시울이 붉어졌다.

대학 사역에서 무덤가 마을, 샤몰로그로 사역 이동을 했을 때 사람들은 나를 향해 혀를 끌끌 찼다. 내가 세상물정을 몰라도 너무 모른다고 했다. "네가 그 무덤가 마을에서 할 수 있는 것은 아무것도 없다"고 하시는 분들도 있었다.

산 자와 죽은 자가 함께 공존해 있는 샤몰로그. 이 마을에 처음 갔을 때 사방이 어두침침했다. 마치 버려진 마을처럼 보여지는 샤몰로그, 불이 나도 소방차가 들어갈 수 있는 도로가 없는 마을, 죄를 짓고 몸을 숨기기에 딱 좋아 보이는 고립된 마을, 자녀가 고등학교를 졸업하면 돼지를 잡아 마을 잔치를 열만큼 교육적으로 빈곤한 마을, 정서적 결핍과 도덕적 빈곤으로 허덕이는 마을은 빛보다 어둠으로 더 충만해 보였다.

처음 이곳으로 사역 이동을 했을 때는 이 마을을 돕고자 하는 열정으로 가득했다. 그러나 무덤가 마을은 오히려 내게 치유의 둥지가 되어 주었다. 돌아보니, 샤몰로그 마을에서 내가 섬긴 것보다 받은 사랑이 더 크다. 어둠이 가득한 곳이라 생각했는데 이곳은 어쩌면 포장되지 않은 인간 본연의 모습으로, 찐한 사람냄새 풍기며 살아가는 곳인지도 모르겠다. 샤몰로그 마을에서는 어떤 '척' 하는 가면을 쓰지 않고 오롯이 나로 존재해도 부끄럽지 않았다. 너무 아파서 꺼내지 못하고 살아온 나의 상처를 꺼내놓아도 수치스럽게 여겨지지 않았다.

놀랍게도 이곳 무덤가 마을 샤몰로그 땅은
상처로 깨어진 나의 모습을 있는 그대로 받아주었다.

이곳에서 제디를 만난 건 무더운 여름이었다. 눈이 유독 예쁜 아이였다. 다른 아이들보다 제디에게 더 많은 마음을 주었던 건 아이에게서 내 모습이 겹쳐 보여서 그랬을까. 정말 많은 시간을 함께하며 아이가 살아온 삶을 끊임없이 안아주었다. 제디 엄마는 큰 아들과 비슷한 나이였던 남편 조카와 사랑의 줄행랑을 쳤다. 남겨진 가족에게 엄마의 사랑은 수치로 남았다. 8남매 중 막내딸이었던 제디는 엄마의 부재 속에 살아내야 했다. 제디의 큰 눈망울엔 엄마를 향한 원망과 그리움이 이글이글 불타오르고 있었다. 엄마가 떠난 이후에 수없이 많은 양육자의 손에 자라온 제디의 감정은 불안으로 요동쳤다. 총명한 아이였지만 친구들과의 잦은 다툼으로 다른 학생들과 잘 어울리지 못했다.

제디는 나를 만나기 몇 달 전 오빠 중 한 명을 잃었다고 했다. 가족 중에 제디가 가장 좋아하던 오빠가 스스로 목숨을 끊은 것이다. 가톨릭 국가인 필리핀 문화에서는 자살한 사람의 장례를 집도하지 않는다. 자살한 사람의 조문을 가는 것도 사회적으로 금지되어 있기 때문에 제디 가족들만 모여 쓸쓸하게 장례를 치렀다고 했다.

오빠의 죽음으로 인해 장례식에 참석한 제디의 엄마와 아빠는 오랜만에 만나 심한 말다툼을 했다. 그런 부모를 바라보면서 엄마, 아빠도 오빠처럼 자살로 생을 마감하지 않을까 제디는 극도로 불안해했다. "자살로 생을 마감한 오빠로 인해 자살 유전인자가 가족에게 있을 것"이라 말하는 사람들의 낙인은 제디의 마음에 더 깊은 수치와 거절감을 안겨주었다.

엄마에게 버림받았다고 생각하는 아이의 고통 위에 스스로 목숨을 끊은 오빠의 죽음은 제디의 마음 위에 더 깊은 슬픔의 얼룩을 남겼다. 그런 제디에게 남은 오빠 중 한 명이 다른 사람에 의해 살해되었다는 소식이 전해졌다. 아이는 고통으로 울부짖었다. 상처로 온몸이 부서진 아이를 품에 안으려 애썼지만 어느 날, 아이는 남자친구와 함께 감쪽같이 사라져 버렸다. 나의 사랑이 아이에게 휴지조각처럼 버려지고 무참히 거절당한 기분이었다.

그동안 양육하고 키워온 아이들 중에 가장 많은 사랑을 주었던 아이가 한마디 말도 없이 야반도주했다는 것이 믿기지 않았다. 실연당한 여인처럼 가슴이 후벼파듯 아팠다. 며칠 후에 있을 아이 생일 준비로 분주했던 나의 시간은 정지된 것처럼 느껴졌다. 아이가 떠난 자리는 내 마음에 커다란 구멍을 냈다.

일 년이 지난 어느 날, 이른 새벽에 문 두드리는 소리가 나서 잠결에 문을 열었다. 문 앞에 아이가 서 있었다. 내 생일이라는 이유로, 어마어마한 용기를 내서 나를 찾아왔다. 밤새 버스

★ 세 번째 이야기, 슬픔의 여행은 계속됩니다

를 타고 뜬 눈으로 가슴 졸이며 왔을 아이는 나를 보자마자 눈물을 터뜨렸다. 아이를 오래도록 안아주며 속삭여 주었다.

"너를 사랑한 것을 한 번도 후회해본 적 없어. 너를 용서하지 못 하는 마음에 갇혀 있지 않아도 돼. 나는 너를 여전히 사랑한단다. 언제든 돌아오고 싶을 때 다시 돌아오렴."

아이는 남자친구와 야반도주한 자신을 용서하지 못했다. 내가 차려준 아침을 먹고 다시 떠났다. 그렇게 오 년의 세월이 흐른 후에 아이가 불현듯 다시 내 앞에 나타났다. 돌아온 아이는 자신을 용서하는 것부터 먼저 배워갔다… 자신의 아픔과 실패를 통해 하나님의 사랑을 더 깊이 경험한 아이는 샤몰로그 소망교회 현지 목회자로 살아가기 위해 현재 신학을 공부하고 있다.

누군가를 사랑한다는 것은, 나의 세계를 확장해 나가는 일이다. 나를 거절하고 때론 밀어내고 분노와 불안으로 흔들리는 아이 손을 잡고 함께 걸어오는 동안 아이도 나도 성장했다.

샤몰로그에는 열악한 환경 속에서 살아가는 아이들이 많다. 부모의 돌봄을 받지 못한 채, 무덤가를 집처럼 생각하며 부랑자처럼 살아가고 있는 아이, 정신분열증으로 힘들어하는 엄마와 둘이 살면서 정서적 돌봄을 받아본 적 없는 아이, 엄마는 어릴 때 가출하고 아버지의 폭력 속에서 자라온 아이. 그 아이들에게 '엄마'가 되어 주고 싶었다. 어쩌면 가난한 선교사인 내가 할 수 있는 가장 최선은 내가 만나는 아이들에게 '부모'가 되어주는 일이었는지도 모르겠다.

제디가 나를 위해 써준 시를 읽다가
내 마음에 콕 박힌 한 구절을 소개하고 싶다.

"Umma! You are my home."

아이를 통해, 엄마는 아이에게
집이 되어 주는 존재라는 것을 배운다.

자살 유가족을
이렇게 도와주세요

1. 부모가 자살로 생을 마감했을지라도 어린 자녀가 장례에 참여할 수 있도록 배려해 주세요. 부모님과 공식적으로 작별할 수 있는 시간을 자녀에게 허락해 주세요. 장례에 참여하지 못하게 하고 죽음에 대해 말하지 못하도록 금기시하는 것은 아이가 상실에 대처하는 법을 배울 기회를 빼앗습니다. 자녀에게 상처가 될까봐 숨기고 있다가 우연히 가족의 대화를 듣고 알게 되면 자녀는 더 큰 상처를 받게 됩니다. 아이가 장례에 참여하는 의식은 아이가 사랑하던 고인을 기억하는 데 도움이 됩니다.

2. 부모님이 자녀를 잃었을 때, 발인을 서두르지 마시고 부모님이 '떠나는 자녀'와 충분히 작별할 시간을 주시기를 부탁드립니다. 부모님이 떠난 자녀를 위해 애도할 수 있도록 돕고, 남겨진 자녀를 돌보는 일이 소홀하지 않도록 부모님을 향한 정서적 지원과 도움이 절실합니다. 자녀를 잃은 상심이 너무 커서 남겨진 다른 자녀의 필요가 보이지 않을 수도 있기 때문입니다. 자신의

분신과도 같은 자녀를 자살로 잃은 고통은 무엇과도 비교할 수 없는 깊은 슬픔입니다. 죽음을 선택할 때까지 자녀의 고통을 모르고 있었다는 죄책감과 자기비난, 분노로 몸부림치는 부모님이 주변에 있으시다면 집에 초대해서 따뜻한 식사를 함께하시는 것은 어떨까요? 이웃으로 계시다면 어떤 필요가 있는지 살펴 주시기 바랍니다. 곁에 말없이 함께 있어주는 것만으로도 도움이 됩니다.

3. 형제와 자매를 잃은 경우에는 가족 관계의 서열이 바뀌는 경험을 하게 됩니다. 둘이 있었는데 갑자기 외동이 되기도 하고, 예전에는 오빠가 있었는데 지금은 딸만 있는 상황으로 바뀌기도 합니다. 자녀를 잃은 부모님의 슬픔으로 인해 자신의 애도를 하지 못하는 경우 그 슬픔은 더 가중됩니다. 남겨진 자녀가 부모님의 슬픔이 아니라 '나의 슬픔'에 대해 이야기할 수 있도록 토닥여 주세요.

4. 자살로 배우자를 잃었을 때 자신을 향한 씻을 수 없는 비난과 죄책감으로 더 많이 괴로워할 수 있습니다. 배우자를 잃은 자살 유가족에게 죽음의 책임을 묻는 행위는 사실상 폭력에 가깝습니다. 남겨진 사람의 슬픔을 한번 더 헤아려 주시고 독이 되는 말은 자제해 주세요.

★ 자살 유가족을 이렇게 도와주세요

5. 상대 배우자의 부모님을 자살로 잃었을 경우 며느리도 사위도 모두 자살 유가족입니다. 피를 나눈 가족이 아니어도 사랑하는 아내와 남편의 부모님을 잃었기 때문에 그 슬픔의 무게는 결코 가볍지 않습니다. 배우자에게 "너는 나의 슬픔을 이해하지 못한다"고 밀어내지 않으셨으면 좋겠습니다. 배우자의 손을 잡고 슬픔의 시간을 함께 통과해내시면 도움이 된다는 것을 잊지 않으셨으면 좋겠습니다.

6. 자살 유가족은 자살로 가족을 잃은 것을 말할 수 없어서 더 슬픈 사람들입니다. 슬픔을 말하기 시작했을 때 "그만 말하라"고 하지 말아주세요. 충분히 말하고 충분히 슬퍼할 수 있도록 안전한 지지자가 되어주세요.

7. 가족을 자살로 잃었다고 말했을 때 당황하여 뭐라고 위로해야 할지 몰라 침묵하는 분들이 많습니다. 슬픔을 표현했는데 침묵으로 반응하시면 자살 유가족은 '괜히 말했구나'라며 자책하기 쉽습니다. "마음이 많이 힘들겠다. 얼마나 마음이 괴롭고 슬플까"라는 평범한 위로를 전해주세요. 이런 위로를 받을 때 자살 유가족이 죽음에 대해 숨기지 않고 말할 수 있는 용기를 얻지 않을까요?

8. 자살로 세상을 떠난 사람이 몹쓸 죄를 지었다며 고인을 폄하하는 말은 자살 유가족 앞에서 결코 하지 말아 주세요. 고인에 대해 정죄하는 말을 하기보다 남겨진 가족의 슬픔을 먼저 헤아려 주세요. 자살을 향한 사회적인 시선으로 인해 이미 눌려 있는 자살 유가족에게 '애도의 길'을 열어주어야 합니다.

9. 자살로 사랑하는 사람을 잃은 것은 "수치가 아니라 아픔"이라고 말해 주세요. 자살 유가족들 중에 수치에 갇혀 아무에게도 말하지 않고 고립된 인생을 살아가는 사람이 많습니다. 수치가 아니라 아픔이라고 말해 주면, 자살도 '말할 수 있는 죽음'이 됩니다. 슬픔이라는 감정은 위로와 연결되어 있는 감정입니다. 슬픔을 꺼내놓아야 누군가와 함께 울 수 있고 위로받을 수 있기 때문입니다.

10. 살아온 삶 전체가 훼손되지 않도록 고인을 죽음의 모습으로만 기억하지 말아 주세요. 우리와 함께 삶을 나눈 소소한 일상 속에 숨겨진 평범하고 아름다운 고인의 삶을 기억하고 추억을 소환하여 함께 이야기 나누어 주시는 것이 자살 유가족의 애도에 도움이 됩니다.

★ 자살 유가족을 이렇게 도와주세요

　　살아오는 동안 "너처럼 불쌍한 아이가 어디 있냐"는 듯한 사람들의 시선이 늘 불편했다. 오은영 박사의 <금쪽 상담소>에 출연한 고(故) 최진실의 아들, 최환희 군은 사람들로부터 "힘내"라는 말을 들을 때마다 응원받는 기분보다 동정받는 느낌이 더 많이 든다고 말했다. "음악 하는 사람으로 나를 바라보았으면 좋겠고, 음악에 대한 소통을 대중들과 하고 싶다"고 말한 그의 대답에 깊이 공감한다. 그의 말처럼, '음악 하는 사람'으로서 대중과 소통하고 싶은데 정작 그를 바라보는 사람들의 시선은 '부모님을 자살로 잃은 아이'에 갇혀 있는 것이다.

'자살로 사랑하는 사람을 잃은 사람'이라는 프레임을 씌워 바라보기보다 그냥 한 존재로 바라봐 주는 평범한 시선이 더 고맙게 느껴진다. 평범한 위로, 평범한 시선은 내가 나로 살아갈 수 있는 공간을 만들어 주기 때문이다. 이 책을 쓰는 동안 "자살 유가족을 어떻게 대해야 하는지 잘 모르겠어요"라는 말을 여러 번 들었다. 그저 살다가 고통스러운 일을 겪은 당신의 친구로 평범하게 대해 주시는 것이 자살 유가족에게 가장 도움이 된다고 말하고 싶다.

이 책이 나오는 데 많은 분께서 도움을 주셨다. 글을 쓰는 동안 따뜻한 격려를 아끼지 않으신 소재웅 편집자님, 표지 일러스트를 그려준 강지민 작가님, 그리고 도서출판 훈훈 가족들께 감사드리고 싶다. 이 책이 세상에 나올 수 있도록 가장 많은 응원을 해주신 권도근 목사님, 글을 읽을 때마다 아낌없는 조언을 해주신 이설아 대표님, 책을 쓰기 전부터 나의 모든 걸음을 함께 걸어 주신 서충원 교수님께 감사의 인사를 드린다. 원고를 읽고 피드백을 해 주신 사랑하는 경순 언니와 윤

희경 사모님, 김해경 선생님, 배보경 피디님, 김기현 디자이너님, 조지현 선생님, 그리고 넘치는 응원으로 함께해주신 이사라 집사님께 감사의 마음을 전한다.

자살 유가족에 대한 연구의 경험을 나누어 주신 이현황, 강명수, 심소영 박사님, 그리고 6주 동안 소중한 시간을 함께 보내 주신 곽지영 박사님께 감사드린다. 그리고 과분한 추천사를 흔쾌히 써 주신 조성돈 교수님과 나종호 교수님, 정은진 소장님, 그리고 소재웅 작가님께 감사드린다. 따뜻한 지지를 보내준 남편과 사랑하는 아들, 그리고 책을 쓰는 동안 자신의 이야기를 들려주신 자살 유가족분들께 감사드린다.

끝으로, 이 책을 읽게 되실 독자분들께 온 마음으로 감사의 마음을 전하고 싶다.

<특별 기고>

사랑하는 가족을 자살로 떠나보낸 후 아직 1년이 흐르지 않은 유족분들에게

사랑하는 가족을 떠나보내고 충격과 상심 그리고 고통 가운데 하루하루를 견디고 계시는 여러분에게 어떤 말이 위로가 될 수 있을까요. 저 역시 10여년 전, 여러분처럼 사랑하는 가족을 떠나보내고 힘든 시간을 보냈습니다. 삶의 희망과 의지가 무너진 그 자리에서 숨을 쉬는 것조차 버겁게 느껴지고, 고인에게 미안하고, 고인의 자살을 미리 알지 못했다는 죄책감 때문에, 고통스러운 시간들을 통과하고 계실 거 같아 마음이 아픕니다…

그러나, 고인의 죽음은 여러분의 잘못이 아닙니다. 고인께서는 최선을 다해 자신의 삶을 사셨고, 고통을 이기려고 노력했습니다. 그 노력에도 불구하고, 마음의 병이 너무 깊어지고 심해져서 본인의 힘으로는 감당하기가 어려웠을 것입니다. 고인은, 여러분이 자신 때문에 고통을 짊어지고 괴로워하기를 바라지 않을 것입니다. 그 무엇보다 여러분이 행복하게 지내기를 바라고 또 바랄 것입니다.

유가족 여러분이 고인을 애도하는 과정은 길고 거친 여정이 될 것입니다. 잦은 감정의 변화도 경험할 것이고, 괜찮아졌다는 생각이 들었다가도 다시 슬프고 아픈 시간들이 반복되는 경험도 할 수 있을 것입니다. 그러나 이 모든 경험들은 '지극히 정상적인 반응'입니다. 사랑하는 가족을 떠나보내고 어떻게 괜찮을 수 있을까요? 여러분이 아프고 힘든 건 그만큼 고인을 사랑했다는, '사랑의 증거'입니다.

여러분에게는 소중한 고인을 마음속에 잘 간직하며 떠나보내야 하는 여정이 필요한데, 이 여정을 '애도'라고 합니다. 건강한 애도의 여정에 들어서기 위해서는 고인에 대한 다양한 감정들을 이해하고 수용해 줄 수 있는 주변사람들의 도움이 필요합니다. 애도의 여정을 걸어가게 될 여러분에게 도움이 되었으면 하는 마음으로 몇 글자 덧붙여 봅니다.

★특별기고

• • •

1. 충분한 수면을 취하기 위해 노력하셔야 합니다.

2. 입맛이 없더라도 식사를 거르지 않아야 합니다.

3. 무기력하고 우울한 마음이 들겠지만 매일매일 가벼운
   운동 혹은 산책을 하시기 바랍니다.

4. 혼자서 견디기보다는 도움을 요청하시기 바랍니다
   (자살예방센터, 유족 자조모임 등). 연락처: 1577-0199

5. 일상생활에 어려움이 있다면 상담이나 약물치료의 도
   움을 받으시기 바랍니다(자살예방센터, 정신과 의원
   등). 연락처: 1577-0199

6. 중요한 결정은 지금 당장 행동하기 보다는 충분히 숙

고한 이후에 결정하시기 바랍니다. 예시) 유품 정리, 이사 등등.

7. 힘들더라도, 과도한 음주를 삼가야 합니다.

8. 고인의 사망으로 생계를 책임져야 하는 경제적인 어려움에 놓여있다면 가까운 읍, 면, 동주민센터나 129에 전화해서 도움을 요청하시기 바랍니다.

9. 자살유족의 정신과 치료비용 및 심리검사, 심리상담, 치료프로그램을 지원받을 수 있습니다. 필요 시 도움을 요청하시기 바랍니다. 연락처: 1577-0199

10. 자살유족 커뮤니티 "따뜻한 작별"(https://www.kfsp.or.kr/trt), "미안하다 고맙다 사랑한다"(https://cafe.daum.net/suicidesurvivor) 다음 온라인 카페를 통해서 고인을 추모하고 애도할 수 있습니다.

세이브유 상담복지연구소 **심소영 소장**

★ 특별기고

자살유족 권리장전

❶ 나는 죄책감으로부터 자유로워질 권리가 있다.

❷ 나는 자살로 인한 죽음에 대해 책임을 느끼지 않을 권리가 있다.

❸ 나는 다른 사람의 권리를 침해하지 않는 한, 그들에게 받아들여지지 않는다 해도 나의 느낌과 감정을 표현할 권리가 있다.

❹ 나는 나의 가족과 기관(당국)으로부터 나의 질문에 대한 정직한 답을 들을 권리가 있다.

❺ 나는 다른 사람의 감정에 영향을 받지 않고 깊이 슬퍼할 권리가 있다.

❻ 나는 행복하고 즐거울 권리가 있다.

7 나는 나의 사생활을 보호하고 평화와 존엄성을 가질 권리가 있다.

8 나는 자살이나 자살 이전의 사건에 상관없이 자살로 인해 떠난 이에 대해 긍정적인 감정을 가질 권리가 있다.

9 나는 나의 개별성을 지킬 권리가 있으며 자살로 인해 판단을 받지 않을 권리가 있다.

10 나는 나의 감정을 정직하게 탐색하며 수용의 과정으로 나갈 수 있도록 상담과 지지그룹의 도움을 찾을 권리가 있다.

11 나는 수용에 도달할 권리가 있다.

12 나는 새로운 시작을 할 권리가 있다.

13 나는 살 권리가 있다.

〈 The suicide Survivor's Bill of Right - JoAnn C. Mecca 〉 일부 수정함.

<자살유가족이 도움을 받을 수 있는 곳>

(상담 및 치료비 지원, 자조모임 안내 등)

1. 한국생명존중희망재단 홈페이지 www.kfsp.or.kr

   (상단 메뉴바 중 '참여' 클릭 ▶ 유족 소통공간

   ▶ 자조모임 안내, 얘기함 이야기공간, 추모공간)

2. 각 지자체 자살예방센터 및 정신건강복지센터

   * 각 지자체를 모두 소개하기에는 어려움이 있어서 광역센터 중심으로 기재하였음

	기관명	전화번호	주소
1	서울시자살예방센터	02-3458-1000	서울시 중구 소월로 2길 30, 15층
2	부산광역자살예방센터	051-242-2575	부산시 남구 수영로 299, 11층, 12층(루미너스 타워)
3	대구광역자살예방센터	053-256-0199	대구시 서구 평리로 157 대구의료원 생명존중센터 3층
4	인천광역시자살예방센터	032-468-9917	인천시 미추홀구 경인로 229, 인천IT타워 3층
5	광주자살예방센터	062-600-1930	광주시 광산구 무진대로 246, KT우산빌딩 7층
6	대전광역자살예방센터	042-486-0005	대전시 중구 대종로 488번길 9
7	울산광역자살예방센터	052-716-7199	울산시 남구 화합로 105, 로하스빌딩 3층
8	세종시정신건강복지센터	044-865-4597	세종시 새롬로 14, 새롬종합복지센터 214호
9	경기도자살예방센터	031-212-0437	경기도 수원시 장안구 수성로 245번길 69, 경기도의료원 2층

슬픔은 발효 중

10	강원도자살예방센터	033-251-1970	강원도 춘천시 후석로 42, 시티빌딩 4층
11	충북광역정신건강복지센터	043-217-0597	충북 청주시 서원구 1순환로 767, 2층(지오빌딩)
12	충남광역정신건강복지센터	041-566-9184	충남 천안시 동남구 망향로 185 소망빌딩 3층
13	전북정신건강복지센터	063-251-0650	전북 전주시 덕진구 정여립로 1115, 나눔둥지타운 407호
14	전남광역정신건강복지센터	061-350-1700	전남 나주시 산포면 세남로 1328-31, 2층
15	경북자살예방센터	054-748-6400	경북 경주시 동대로 87(석장동), 복지동 3층
16	경남광역정신건강복지센터	055-239-1400	경남 창원시 마산회원구 팔용로 262 창신대학교 종합관 (3호관) 4층
17	제주자살예방센터	064-717-3000	제주도 제주시 아란13길 15, 별관 2층

★ 자살유가족이 도움을 받을 수 있는 곳

<참고문헌>

고선규 (2020), 〈우리는 모두 자살 사별자입니다〉

김해남 (2022), 〈내가 만일 인생을 다시 산다면〉

강명수, 심소영 (2023), "자살유가족의 애도과정에서 나타나는 낙인경험에 대한
질적 연구," 한국가족복지학, 70(1):43-76

곽지영, 서미아 (2019), "자살유가족의 사별 후 경험에 관한 내러티브 탐구,"
가족과 치료, 27(4), 621-646.

곽지영 (2022), 자살로 부모와 사별한 자녀들의 외상후 성장과정,
단국 대학교 박사학위 논문.

나종호 (2022), 〈뉴욕 정신과 의사의 사람 도서관〉

미야모토 테루 (1979), 〈환상의 빛〉

박정은 (2018), 〈슬픔을 위한 시간〉

브룩 노엘 패멀라 블레어(2000), 〈우리는 저마다의 속도로 슬픔을 통과한다〉

사샤 베이츠 (2020), 〈상실의 언어〉

신형철 (2018), 〈슬픔을 공부하는 슬픔〉

아른힐 레우벵 (2005), 〈나는 자주 죽고 싶었고, 가끔 정말 살고 싶었다〉

이설아 (2022), 〈모두의 입양〉

이현황 (2023), 자녀의 자살로 사별한 부모의 경험 과정, 전주 대학교 박사논문.

폴 투르니에 (2014), 〈강자와 약자〉

J.D. 벤스 (2017), 〈힐빌리의 노래〉

M. 스캇 펙 (1978), 〈아직도 가야할 길〉

Aguirre, R., & Slater, H. (2010). Suicide postvention as suicide prevention: Improvement and expansion in the United States. *Death Studies*, 34, 529-540.

Bell, J., Stanley, N., Mallon, S., & Manthorpe, J. (2012). Life will never be the same again: Examining grief in survivors bereaved by young suicide. *Illness, Crisis, & Loss*, 20(1), 49-68.

Cerel, J., Jordan, J. R., & Duberstein, P. R. (2008). The impact of suicide on the family. *Crisis*, 29(1), 38-44.

Cvinar, J. G., 2005, "Do suicide survivors suffer social stigma: A review of the literature", Perspectives in Psychiatric Care, 41(1): 14-21.

Clark, S., & Goldney, R. D. (1995). Grief reactions and recovery in a support group for people bereaved by suicide. *Crisis*, 16, 27-33.

Hofer M.A. (1996). On the nature and consequences of early loss. *Psychosom Med*, 58:570-581.

Kim, B. (2012). A phenomenological study focusing on the bereaved middle-aged women's experiences by suicide. (Master's thesis). Graduate school Chonnam National University, Republic of Korea.

Kim, C. D., Seguin, M., Therrien, N., Riopel, G., Chawky, N., Lesage, A. D., & Turecki, G. (2005). Familial aggregation of suicidal behavior: A family study of male suicide completers from the general population. American Journal of Psychiatry, 162, 1017-1019.

Korea National Statistical Office. (2014). *2013 annual report of cause of mortalities*. http://kostat.go.kr/portal/eng/index.action

Mitchell, A. M., Kim, Y., Prigerson, H. G., & Mortimer-Stephens,M. (2004). Complicated grief in survivors of suicide. *Crisis*, 25, 12-18.

Mitchell, J. T., & Everly, G. S. (1996). Critical incident stress debriefing: An

operations manual for the prevention of traumatic stress among emergency
services and disaster workers (2nd ed. Rev.). Ellicott City, MD: Chevron.

Organisation for Economic Co-operation and Development(OECD). (2009).
Society at glance 2009: OECD social indicators. Retrieved from http://www.
oecdilibrary.org/social-issues-migration-health/society-atglance2009/suicides_
soc_glance-2008-33-en

Park, I. H., & Cho, L.-J. (1995). Confucianism and the Korean family. *Journal of
Comparative Family Studies, 26(1)*, 117-134.

Peters, K., Cunningham, C., Murphy, G., & Jackson, D. (2016). 'People look
down on you when you tell them how he died': Qualitative insights into stigma
as experienced by suicide survivors. *International Journal of Mental Health
Nursing*, 25(3), 251-257.

Prigerson H.G., Monk, T.H., Reynolds C.F., Begley, A., Houck, P.R., Bierhals, A.,
Kupfer, D.J. (1995). Lifestyle regularity and activity level as protective factors
against bereavement-related depression in late life. *Depression*, 3(6):297-302.

World Health Organization. (2018). Suicide. Retrieved from https://www.who.
int/newsroom/fact-sheets/detail/suicide.